Jaime Corpas
Lola Martínez

Socios 1

Curso básico
de español
orientado al mundo
del trabajo

Cuaderno de ejercicios

Socios 1

Cuaderno de ejercicios

Autores:
Jaime Corpas Viñals
Lola Martínez Rodríguez

Coordinación editorial y redacción:
Agustín Garmendia y Eduard Sancho

Corrección:
Eduard Sancho

Diseño y dirección de arte:
Estudio Ivan Margot

Maquetación:
Victoria Desvalls

Ilustración:
Joma

Fotografías:
Ivan Margot
PhotoDisc

Música:
Juanjo Gutiérrez

Voces:
Susana Damas (España)
José Luis Fornés (España)
Bruno Menéndez (España)
Hernando Mesa (Colombia)
María Inés Molina (Argentina)
Amalia Sancho (España)

Grabación:
Estudios 103, Barcelona

© Los autores y Difusión, S.L. Barcelona 1999

ISBN: 84-89344-49-3
Depósito Legal: B-32.562-1999

Impreso en España por Grafos S.A. Arte sobre papel
Impreso en papel ecológico

Centro de Investigación y Publicaciones de Idiomas, S.L.
C/Trafalgar, 10, entlo. 1ª - 08010 BARCELONA
e-mail: editred@intercom.es
http://www.difusion.com

Socios 1 Cuaderno de ejercicios se estructura en doce unidades. El objetivo de este cuaderno es reforzar y consolidar los contenidos gramaticales, léxicos y comunicativos que se presentan en el *Libro del alumno* y que son necesarios para la realización de la tarea final propuesta en cada una de sus unidades.

La mayoría de las actividades que ofrece el libro están diseñadas para ser realizadas individualmente, bien en casa o en clase, al hilo de las actividades del *Libro del alumno*. Aquellas que requieren un trabajo de interacción oral dan muestras de lengua precedidas por el icono 🔲 ; los ejercicios de comprensión auditiva, están señaladas con el icono 🔲 .

Las actividades inciden en diversos aspectos morfosintácticos, funcionales, de vocabulario y en cuestiones fonéticas, intentando siempre proponer mecanismos motivadores que impliquen al aprendiz personalmente y le ayuden a desarrollar sus destrezas. Se presentan, además, ejercicios que permiten reflexionar sobre determinados fenómenos lingüísticos para, a través de un proceso de descubrimiento, poder construir una regla que los explique.

Este cuaderno de ejercicios es una herramienta complementaria del *Libro del alumno* y permite a profesores y a estudiantes tomar conciencia de la marcha del aprendizaje. Para ello ofrece, después de cada tres unidades, la sección "Comprueba tus conocimientos", una doble página de autoevaluación con cinco actividades en las que se evalúan los conocimientos gramaticales y léxicos adquiridos así como la progresión del alumno en las diferentes destrezas.

El **Cuaderno de ejercicios** va acompañado también de una **Carpeta de audiciones** indispensable para la realización de los ejercicios de fonética y para las actividades de comprensión auditiva.

Índice

4 5 6 COMPRUEBA TUS CONOCIMIENTOS

En clase de español

Ejercicios

1 Usa el diccionario. Escribe estos verbos en tu lengua.

1. leer _____

2. escuchar _____

3. comentar _____

4. comprobar _____

5. completar _____

6. elegir _____

7. encontrar _____

8. repetir _____

9. hablar _____

10. subrayar _____

11. buscar _____

12. corregir _____

13. preguntar _____

14. escribir _____

2 Relaciona los dibujos con los verbos.

2 hablar

☐ escuchar

☐ leer

☐ repetir

☐ preguntar

☐ escribir

3 **A.** Escribe las vocales (a, e, i, o, u) que faltan en estos números.

_u n o_   d _ s   d _ _ z   n _ _ v _   _ n c _

qu _ n c _   s _ _ s   _ c h _   s _ _ t _

d _ c _   c _ n c _   d _ _ c _ s _ _ s   c _ _ t r _

B. Mira la página 16 del *Libro del alumno* para comprobar que lo has hecho bien.

4 **A.** Escucha y escribe las palabras que oyes.

1. *ape__lli__do*		6.	
2.		7.	
3.		8.	
4.		9.	
5.		10.	

B. Escucha otra vez las palabras y subraya, como en el ejemplo, la sílaba tónica.

5 Nueve personas entran en un avión. Escucha y toma nota del asiento de cada pasajero.

1. _____
2. _____
3. _____

4. _____
5. _____
6. _____

7. _____
8. _____
9. _____

6 **A.** Tu calculadora no funciona bien. Haz tú los cálculos.

dos	+	uno	×	tres	=	***nueve***
nueve	−	cinco	+	diez	=
doce	+	ocho	−	cinco	=
diez	:	cinco	+	quince	=
once	+	seis	−	cuatro	=
dieciséis	+	cuatro	:	dos	=

+ más
− menos
× por
: entre

B. Ahora, descubre qué número falta en las siguientes operaciones matemáticas.

trece - dos + ocho = diecinueve

veinte - _____ + uno = seis

ocho : dos + _____ = dieciocho

_____ : dos + ocho = dieciséis

siete + _____ + tres = diecisiete

7 Quieres reservar habitación en estos hoteles, pero no sabes si los teléfonos son correctos. Escucha y compruébalos.

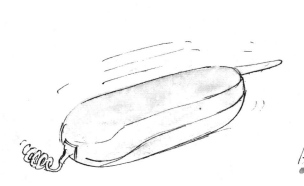

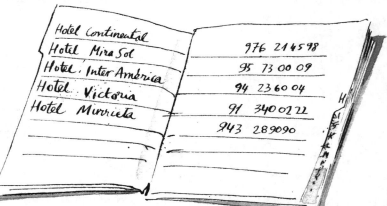

Hotel Continental
Hotel Mira Sol   976 214598
Hotel Inter América   95 73 00 09
Hotel Victoria   94 23 60 04
Hotel Murrieta   91 34 00 22
                        943 28 90 90

8 En parejas.

| Alumno A | **A.** ¿Cómo se llaman en español estos objetos? Puedes usar el diccionario. |

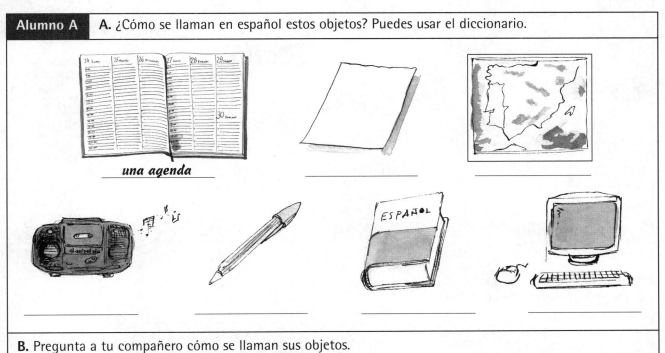

una agenda

B. Pregunta a tu compañero cómo se llaman sus objetos.

| Alumno B | **A.** ¿Cómo se llaman en español estos objetos? Puedes usar el diccionario. |

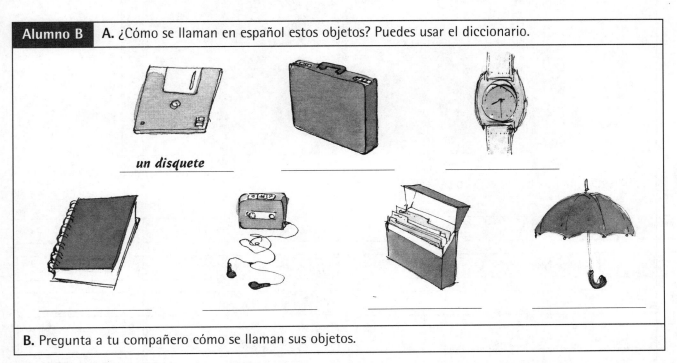

un disquete

B. Pregunta a tu compañero cómo se llaman sus objetos.

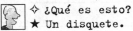 ◇ ¿Qué es esto?
★ Un disquete.

9 **A.** Una azafata de congresos llama a varias personas. Escucha y anota
en qué orden dice los nombres.

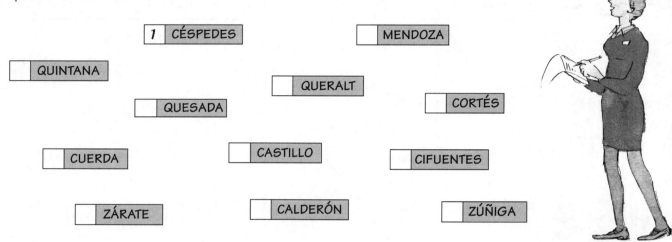

| 1 | CÉSPEDES | | | MENDOZA |

| | QUINTANA |

| | QUERALT |

| | QUESADA | | | CORTÉS |

| | CUERDA | | CASTILLO | | | CIFUENTES |

| | ZÁRATE | | CALDERÓN | | | ZÚÑIGA |

B. Separa ahora los apellidos en dos listas. Una, para los que tienen el sonido **C/Z**
y otra, para los que tienen el sonido **C/QU**.

C/Z	C/QU
Céspedes	

10 Escribe las nacionalidades de estas personas.

1. Joâo es de Río de Janeiro.	*Es brasileño.*

6. Kostas es de Atenas.	

2. Bruce y Joe son de Nueva York.	

7. Irene es de Lisboa.	

3. Paola es de Milán.	

8. Vincent y Danielle son de París.	

4. Naoko es de Osaka.	

9. Boris es de San Petersburgo.	

5. Ulrich es de Berlín.	

10. Carlos y Lucía son de Caracas.	

11 Dibuja a tres compañeros de clase. Tu compañero tiene que descubrir
quiénes son.

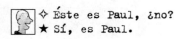
◇ Éste es Paul, ¿no?
★ Sí, es Paul.

12 Aquí tienes la palabra **gracias** en varios idiomas. ¿Sabes qué idiomas son?
Si no lo sabes, pregunta a tus compañeros o a tu profesor.

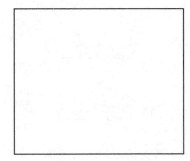

1. merci _____
2. thank you _____
3. *arigato gozaimasu* _____
4. danke _____
5. tak _____
6. obrigado _____
7. *grazie* _____
8. **spasibo** _____
9. shukran _____
10. dank je _____

13 Relaciona las preguntas con las respuestas.

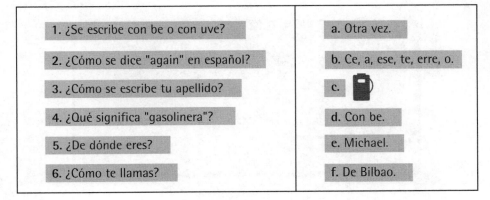

1. ¿Se escribe con be o con uve?	a. Otra vez.
2. ¿Cómo se dice "again" en español?	b. Ce, a, ese, te, erre, o.
3. ¿Cómo se escribe tu apellido?	c.
4. ¿Qué significa "gasolinera"?	d. Con be.
5. ¿De dónde eres?	e. Michael.
6. ¿Cómo te llamas?	f. De Bilbao.

14 Vas a escuchar el nombre de estos países deletreados. Escribe el orden en que los oyes.

Guatemala	**1**

Honduras	

Argentina	

Venezuela	

Uruguay	

Brasil	

Bolivia	

México	

15 **A.** Piensa en cinco países. ¿Sabes cómo se dicen en español? Escríbelos. Si tienes alguna duda, pregunta a tu profesor.

B. En parejas. Deletrea a tu compañero el nombre de los países que has escrito. Escribe también los nombres de los países que ha escrito tu compañero.

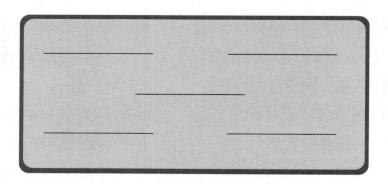

16 Seguro que hay muchas cosas que quieres saber cómo se dicen en español. Escribe cinco palabras y pregúntaselas a tu profesor.

¿Cómo se dice "please" en español?	*Por favor*

17 Escribe las preguntas que corresponden a estas respuestas.

1. ✧ _____
   ★ Sí, se escribe con hache.

2. ✧ _____
   ★ "Buenas tardes", creo.

3. ✧ _____
   ★ Quiere decir "change".

4. ✧ _____
   ★ Con ce.

5. ✧ _____
   ★ Isabel Ginés.

6. ✧ _____
   ★ No, creo que es holandesa.

18 **A.** El señor Meuwis llega a un hotel. Ordena el diálogo que mantiene con el recepcionista.

- 1 ✧ ¿Su nombre, por favor?
- ☐ ★ Con jota.
- ☐ ★ Jansen Meuwis.
- ☐ ✧ ¿Y Meuwis, con be o con uve?
- ☐ ✧ ¿Perdón...?
- ☐ ✧ Muy bien. Aquí tiene su llave, habitación 234.
- ☐ ★ Meuwis, Jansen Meuwis.
- ☐ ✧ ¿Cómo se escribe Jansen, por favor?
- ☐ ★ Con uve doble.

B. Ahora escribe un diálogo parecido con estos datos.

HOTEL
✱ ✱ ✱ ✱

Nombre:
_____ *Hilda* _____

Apellido:
_____ *Bonafini* _____

Habitación:
_____ *315* _____

19 Completa los diálogos con las formas adecuadas de los verbos **ser** y **llamarse** y con los pronombres personales cuando sean necesarios.

1. ✧ Yo **_me llamo_** Marcelo. ¿Y **_tú_**?
   ★ **_Yo_**, Tarek.

2. ✧ Vosotros _____ rusos, ¿verdad?
   ★ Sí, de Moscú.

3. ✧ ¿Su nombre, por favor?
   ★ _____ _____ Marta Rico.

4. ✧ Y vosotros, ¿cómo _____ _____ ?
   ★ _____, Javier.
   ○ Y_____, Pedro.

5. ✧ Por favor, ¿los señores Martín?
   ★ Sí,_____ nosotros.

6. ✧ Usted_____ el señor Mateos, ¿verdad?
   ★ Sí, _____ yo.

7. ✧ Yo _____ mexicano, ¿y ustedes?
   ★ Nosotros _____ chilenos.

8. ✧ Olga _____ española, ¿no?
   ★ No, _____ cubana.

20 Completa el crucigrama con los nombres de estos objetos.
¿Cuál es el objeto escondido?

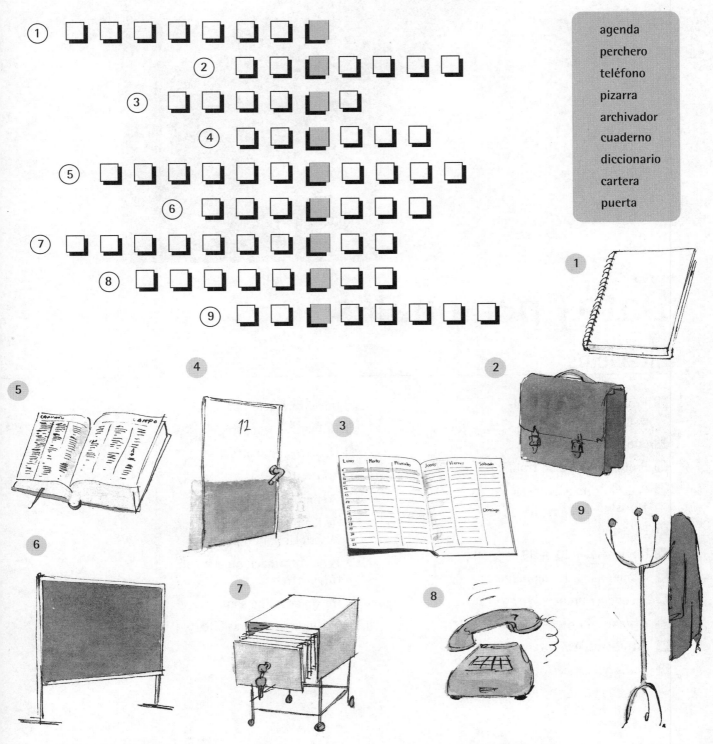

agenda
perchero
teléfono
pizarra
archivador
cuaderno
diccionario
cartera
puerta

Datos personales

Ejercicios

1 **A.** ¿Cómo se llaman estos lugares? Escríbelo debajo de cada dibujo. No te olvides de poner el artículo **un** o **una**.

empresa de mensajería

escuela

restaurante

juzgado

comisaría

taxi

hospital

hotel

① _un restaurante_

②

③

④

⑤

⑥

⑦

⑧

B. Ahora relaciona las profesiones con los dibujos.

☐			
7 camarero/a	☐ recepcionista	☐ profesor/a	☐ taxista
☐ abogado/a	☐ mensajero/a	☐ médico/a	☐ policía

2 **A.** Piensa en más lugares de trabajo y escríbelos con el artículo correspondiente. Escribe al lado la profesión de una persona que trabaja allí. Puedes usar el diccionario.

LUGARES DE TRABAJO	PROFESIONES
_____	_____
_____	_____
_____	_____
_____	_____
_____	_____

B. Juega con tu compañero. A ver si sabe el nombre de las profesiones relacionadas con los lugares de trabajo.

◇ Trabaja en un restaurante.
★ ¿Un camarero?
◇ No.
★ ¿Un cocinero?
◇ Sí.

3 Piensa en cuatro personas que conoces. ¿A qué se dedican? ¿Dónde trabajan? Escribe frases siguiendo el modelo.

> *Anne es periodista. Trabaja en un periódico.*
>
> 1. _____
> 2. _____
> 3. _____
> 4. _____

4 Escribe las preguntas para estas respuestas.

TÚ	USTED	
¿Cómo te llamas?		Luis Arteaga.
		Soy arquitecto.
		En Construmac S.A.
		43.
		Paseo de la Paz, 25, 8º.
		976 23 78 81.

5 Vas a escuchar nueve preguntas. Escribe si usan **tú** o **usted**.

1. _____   4. _____   7. _____

2. _____   5. _____   8. _____

3. _____   6. _____   9. _____

6 **A.** Esta impresora no funciona bien; los números salen juntos.
Sepáralos y escríbelos.

**cuarentaynueveveinticincoochentaydostreintaycuatrocincuentay
seisveintidóssetentaysieteveintinuevenoventayunosesentayocho**

1.	*cuarenta y nueve*
2.	
3.	
4.	
5.	
6.	
7.	
8.	
9.	
10.	

7 Completa las series con el número que falta.

1. Veinte, veintidós, _**veinticuatro**_ , veintiséis, veintiocho.

2. Noventa, ochenta y ocho, _____ , ochenta y cuatro, ochenta y dos.

3. Veinte, treinta, _____ , cincuenta, sesenta.

4. Cuarenta y cinco, _____ , cincuenta y cinco, sesenta, sesenta y cinco.

5. Sesenta y tres, sesenta y seis, _____ , setenta y dos.

6. Noventa, ochenta, _____ , sesenta, cincuenta.

8 Las secretarias de una consultoría tienen que hacer fotocopias de estos
documentos: un contrato, el programa de un curso de formación, una factura,
un memorándum, un dossier y un presupuesto. Escucha y toma nota del
número de fotocopias que tienen que hacer de cada documento.

☐ contrato	☐ memorándum
☐ programa del curso de formación	☐ dossier
☐ factura	☐ presupuesto

9 Fíjate en la entonación. Escucha y escribe los signos de interrogación, si es una pregunta, y un punto, si es una afirmación.

1. __ Son abogados __

2. __ Estudia Medicina __

3. __ Es taxista __

4. __ Trabaja en un supermercado __

5. __ Hace gimnasia __

6. __ Trabaja en la televisión __

7. __ Vive en el segundo piso __

8. __ Son vendedores __

10 **A.** ¿Con qué verbo se usan estas palabras o expresiones?

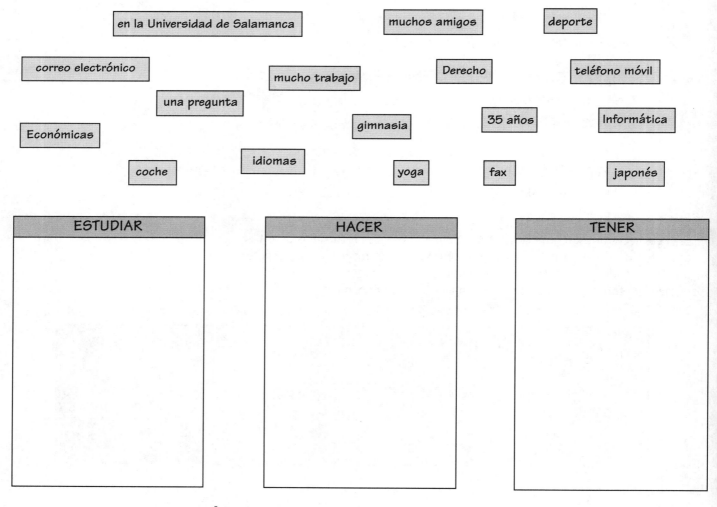

en la Universidad de Salamanca

muchos amigos

deporte

correo electrónico

mucho trabajo

Derecho

teléfono móvil

una pregunta

Económicas

gimnasia

35 años

Informática

coche

idiomas

yoga

fax

japonés

ESTUDIAR	HACER	TENER

B. ¿Quién crees que dice cada una de estas frases? Hay varias posibilidades.

Elvira

Soy economista

_____

_____

_____

_____

_____

Soy economista

Soy estudiante

Tengo 22 años

Estudio inglés y francés

Tengo mucho trabajo

Hago deporte

Tengo teléfono móvil

Trabajo en una multinacional

Tengo coche

Tengo muchos amigos

Estudio en la Universidad de Deusto

Tengo 35 años

Hago yoga

Estudio Empresariales

Felipe

_____

_____

_____

_____

_____

_____

11 Lee el siguiente texto sobre Emilio Romero y completa la ficha.

Me llamo Emilio Romero Pacheco y soy de Santander, pero vivo en Barcelona. Tengo un apartamento en la calle Princesa, en el número 95. Soy informático, tengo 26 años y estoy soltero. Hago mucho deporte y toco la guitarra en un grupo de rock. Hablo inglés y estudio alemán.

Datos personales

Nombre: _____ Apellidos: _____ Edad: _____

Dirección: _____ Ciudad: _____

Profesión: _____ Idiomas: _____

Lugar de nacimiento: _____ Estado civil: _____

Aficiones: _____

_____

12 Ahora, con tus datos, escribe una presentación como la de Emilio.

**Me llamo...** _____

_____

_____

_____

_____

13 Escribe las palabras que faltan en estas dos listas.

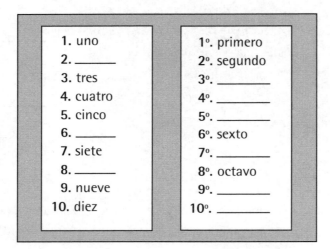

1. uno	**1º.** primero
2. _____	**2º.** segundo
3. tres	**3º.** _____
4. cuatro	**4º.** _____
5. cinco	**5º.** _____
6. _____	**6º.** sexto
7. siete	**7º.** _____
8. _____	**8º.** octavo
9. nueve	**9º.** _____
10. diez	**10º.** _____

14 Ahora completa las siguientes frases.

1. Ésta es la _____ lección del *Cuaderno de ejercicios.*

2. La E es la _____ letra del alfabeto y la A la _____ .

3. Después del sexto piso está el _____ , y antes del décimo, el _____ .

4. Argentina es el _____ país más extenso de América Latina; el primero es Brasil.

5. El español es la _____ lengua más hablada del mundo después del inglés y del chino.

15 Relaciona.

Calle	1.		a.	izda.
derecha	2.		b.	Pza.
Avenida	3.		c.	C/
Plaza	4.		d.	3°
tercero	5.		e.	Avda.
número	6.		f.	dcha.
Paseo	7.		g.	n°
izquierda	8.		h.	P°

16 María, de "LibroPlus", escribe a cuatro clientes. Aquí tienes los sobres.
Compáralos con las tarjetas de los clientes y corrige, en los sobres, los datos
que no sean correctos.

Sra. Carmen Márquez
C/ Jardín de Medina, 43
04016 Almería

Sr. Antonio López Corral
C/ Ribera, 8, 4° B
48004 Bilbao

Sr. Gustavo Robles
C/ Alabarderos, 66, 7° dcha.
28939 Madrid

Sra. Natalia Vilà
Avda. de Roma, 54, 5° 1ª
08010 Barcelona

Natalia Vilà
Avda. de Roma, 40, 5° 1ª
08100 Barcelona

Gustavo Robles

P° Alabarderos, 66, 7° A
28024 Madrid

Antonio | López del Moral

C/ Ribera n°8, 4° B
48004 Bilbao

Carmen Márquez

C/ Jardín de Medina 4, 3°
04016 Almería

17 Quieres recibir en tu casa todos los días un periódico español. Rellena con tus datos el siguiente impreso para recibir la edición internacional de EL PAÍS.

EL PAIS

Miguel Yuste, 40
28037- MADRID
Tel.: 91 337 50 71
Fax: 91 337 83 37
E-Mail:suscripciones@elpais.es

**BOLETÍN DE SUSCRIPCIÓN
EDICIÓN INTERNACIONAL**

DATOS DE ENVÍO

Nombre y Apellidos _____

Dirección 1 _____

Dirección 2 _____ Tel.: _____

Localidad _____ Provincia _____

Código Postal _____ País _____ CIF/VAT: _____

SEÑALE EL PERIODO DE SUSCRIPCIÓN Y LA FORMA DE PAGO*:

Periodo

☐ Trimestral ☐ Semestral ☐ 9 meses ☐ 1 año

Forma de pago

☐ Domiciliación bancaria (sólo para bancos en España)

Entidad   *Oficina*   *D.C.*   *Cuenta corriente*

☐ Con cargo a la tarjeta:

☐ American Express

☐ VISA

☐ Dinners

☐ Master Charge   Nº tarjeta

Fecha de caducidad

Firma (imprescindible)

☐ Cheque adjunto   (a la orden de Diario EL PAÍS, S.A.)

☐ Giro Postal Nº

☐ Transferencia a BANCO POPULAR ESPAÑOL (Alcalá, 372; Madrid; c/c 0501060291)

TARIFAS DE SUSCRIPCIÓN

Los envíos se realizarán por correo aéreo	1 Año	9 Meses	6 Meses	3 Meses
EE.UU. y Canadá	105 $ USA	80 $ USA	55 $ USA	30 $ USA
Asia Oriental y Oceanía	125 $ USA	95 $ USA	65 $ USA	35 $ USA
Resto países	100 $ USA	75 $ USA	50 $ USA	25 $ USA

* Aunque los precios están en dólares USA se puede abonar su contravalor en cualquier moneda convertible

18 Escribe las preguntas correspondientes a estas respuestas. Utiliza las formas **tú** y **vosotros**.

1. ✧ *¿Qué estudiáis?*
   ★ Yo, Sociología, y ella, Ciencias Políticas.

2. ✧ ¿ _____ ?
   ★ Vivimos en la misma calle, en la calle Lugo; yo, en el nº 6.
   ○ Y yo, en el 40.

3. ✧ ¿ _____ ?
   ★ Fax sí, pero no tenemos correo electrónico.

4. ✧ ¿ _____ ?
   ★ En una empresa de informática; soy programadora.

5. ✧ ¿ _____ ?
   ★ Estudio en Salamanca.

6. ✧ ¿ _____ ?
   ★ Ahora vivo en la calle del Sol, 56, 4º izda.

7. ✧ ¿ _____ ?
   ★ Yo, 24.
   ○ Y yo, 20.

8. ✧ ¿ _____ ?
   ★ Yo, Nuria, y ella, Carmen.

9. ✧ ¿ _____ ?
   ★ No, soy francesa.

10. ✧ ¿ _____ ?
    ★ Mario. ¿Y tú?

19 Escucha las preguntas y señala cuál de las dos respuestas es la correcta.

1. a. En el primero.
   b. Dieciocho años.
2. a. Sí, calle de los Claveles, 68.
   b. Sí. Es el 93 468 23 12.
3. a. Estudio en la Universidad de Granada.
   b. Somos estudiantes.

4. a. En el Hospital Ramón y Cajal.
   b. Estudian Contabilidad y Marketing.
5. a. En la Agencia Efe.
   b. Vivo en Buenos Aires.
6. a. Creo que es una librería.
   b. Es abogado; trabaja en un despacho.

20 Aquí tienes diez palabras que has aprendido en esta lección. Las letras están desordenadas. Ordénalas.

1. T O H E L: *hotel*
2. D O G A J U Z:
3. S A J E M E N R O:
4. M E R S U D O C A P E R:
5. D O A G A B O:

6. M A R E R O C A:
7. A T A F A Z A:
8. R Í L I B R E A:
9. C O B A N:
10. X I S T A T A:

El mundo de la empresa

Ejercicios

1 **A.** ¿De qué países son estas marcas? Relaciónalas con los productos correspondientes.

Bayer: *es alemana; es una marca de medicamentos.*

Nike: _____

Rolex: _____

BMW: _____

Yamaha: _____

Levi's: _____

Ballantine's: _____

Gauloises: _____

Basi: _____

Chupa-Chups: _____

Philips: _____

relojes   caramelos   motos   medicamentos   prendas deportivas

coches   ropa   cigarrillos   electrodomésticos   whisky   ropa vaquera

B. Haz una lista con 10 cosas que hay en tu casa. Di de qué marca son.

En mi casa tenemos un televisor Nokia.

2 Escucha las siguientes palabras y colócalas en la columna correspondiente según sean llanas o agudas.

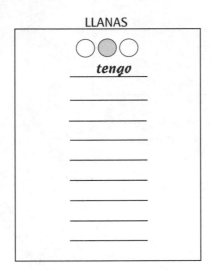

LLANAS

tengo

_____
_____
_____
_____
_____
_____
_____
_____

AGUDAS

exportar

_____
_____
_____
_____
_____
_____

3 Aquí tienes un mapa de Latinoamérica con algunos lugares y monumentos. ¿En qué países están? Si no estás seguro, pregunta a tus compañeros o a tu profesor.

Machu Picchu está en Perú.

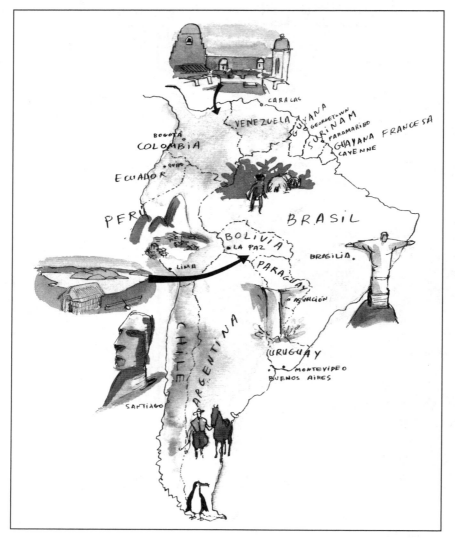

Machu Picchu
Las cataratas de Iguazú
La selva amazónica
La isla de Pascua
El lago Titicaca
Cartagena de Indias
La Pampa
El Cristo del Corcovado
Tierra del Fuego

4 A. En español hay palabras con una forma muy parecida en otras lenguas; la pronunciación, sin embargo, es diferente. Escucha los siguientes nombres y repite.

B. Escucha otra vez y escribe las palabras.

5 Agrupa estas palabras.

producir   coreano/a   alimentos   coches   exportar

griego/a   comprar

cadena de restaurantes   electrodomésticos   agencia de viajes

japonés/a   brasileño/a

importar   mexicano/a   compañía de seguros

fabricar

empresa de alimentación   petróleo   ordenadores   escuela de negocios

Nacionalidades	Tipos de empresa	Actividades	Productos

6 Aquí tienes una lista de empresas. ¿Qué tipo de empresa crees que es cada una?

Mundivisión es una empresa de telecomunicaciones.

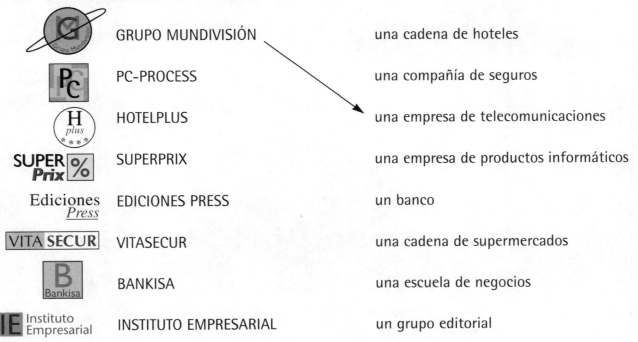

GRUPO MUNDIVISIÓN   una cadena de hoteles

PC-PROCESS   una compañía de seguros

HOTELPLUS   una empresa de telecomunicaciones

SUPERPRIX   una empresa de productos informáticos

EDICIONES PRESS   un banco

VITASECUR   una cadena de supermercados

BANKISA   una escuela de negocios

INSTITUTO EMPRESARIAL   un grupo editorial

7 Tus amigos están de vacaciones y te escriben algunas postales.
¿Dónde están?

Imanol y Sara

Están en París.

Rita y Carolina

Ana

Rosa y Vicente

Carmen y Alberto

Rafa

Pablo

Javier y Miguel

8 ¿Qué preguntas corresponden a estas respuestas?

1. ✧ ***¿Cuántos empleados tiene?***
    ★ No sé exactamente... unos veinte.

2. ✧ _____ .
    ★ ¿Sebago? Es una marca de zapatos.

3. ✧ _____ .
    ★ Es una empresa de electrodomésticos.

4. ✧ _____ .
    ★ Creo que en México D.F., pero tiene sucursales en todo el país.

5. ✧ _____ .
    ★ Pues, por ejemplo, Peugeot es una empresa automovilística.

6. ✧ _____ .
    ★ Más de trescientas.

7. ✧ _____ .
    ★ Fabrica aviones.

8. ✧ _____ .
    ★ Interidiomas.

9. ✧ _____ .
    ★ Es una empresa venezolana.

10. ✧ _____ .
    ★ ¿En Barcelona? Quince. La principal en la Gran Vía.

¿Cuántos empleados tiene?

¿Cuántas oficinas tiene en Barcelona?

¿De dónde es?

¿Cómo se llama tu escuela?

¿Qué hace AEROJET?

¿Qué tipo de empresa es?

¿Cuántas sucursales tiene?

¿En qué ciudad está la oficina principal?

¿Qué tipo de empresa es Sebago?

¿Qué significa "automovilística"?

9 **A.** En el programa de radio "Hablando de empresas" hacen una entrevista al señor Chamorro. Escucha las preguntas y marca las respuestas.

1. ☐ La empresa se llama INFOMUNDIAL.
   ☐ La empresa se llama OCIOTURISMO.

2. ☐ Vende ordenadores personales.
   ☐ Fabrica programas informáticos de seguridad.

3. ☐ Tiene 200 clientes.
   ☐ Tiene 300 clientes.

4. ☐ Tiene 50 empleados.
   ☐ Tiene 70 empleados.

5. ☐ Está en Zaragoza, en la Avenida de la Constitución.
   ☐ Está en Barcelona, en la Avenida Diagonal.

B. Ahora, imagina que vas a hacer una entrevista al propietario de una empresa. ¿Qué le preguntas?

10 **A.** Lee estos números en voz alta: 225, 499, 530, 115, 375, 784, 850, 900 y 642.

B. Escribe los números anteriores con las siguientes palabras:

225/hotel:	*doscientos veinticinco hoteles.*
499/sucursal:	
530/fábrica:	
115/banco:	
375/ordenador:	
784/avión:	
850/supermercado:	
900/coche:	
642/hospital:	

C. Escucha y comprueba.

11 Relaciona.

	POSESIVO (SINGULAR)	POSESIVO (PLURAL)
yo	nuestro/a	sus
tú	su	vuestros/as
él, ella, usted	tu	tus
nosotros/as	vuestro/a	nuestros/as
vosotros/as	su	sus
ellos, ellas , ustedes	mi	mis

12 **A.** Coloca estas palabras en el recuadro correspondiente.

mis productos	tu sector	nuestras sucursales	sus fotos	tus socios
su marca		vuestras oficinas	mi empresa	nuestra tienda

	masculino singular	masculino plural	femenino singular	femenino plural
yo		*mis productos*		
tú				
él, ella, usted				
nosotros/as				
vosotros/as				
ellos, ellas, ustedes				

B. Rellena las casillas vacías con los términos que tú quieras. Utiliza los posesivos correspondientes.

13 Completa con los posesivos que faltan.

14 **A.** Mira la página 36 del *Libro del alumno*. Hay tres anuncios de empresas.
Lee los textos de los anuncios. Intenta recordar mentalmente todos los datos.

B. Ahora lee las siguientes frases sobre las empresas CHANCLA, BIONATUR y
TESA. Di si son verdaderas (V) o falsas (F).

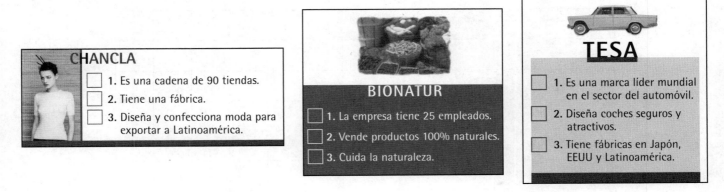

CHANCLA
- [ ] **1.** Es una cadena de 90 tiendas.
- [ ] **2.** Tiene una fábrica.
- [ ] **3.** Diseña y confecciona moda para exportar a Latinoamérica.

BIONATUR
- [ ] **1.** La empresa tiene 25 empleados.
- [ ] **2.** Vende productos 100% naturales.
- [ ] **3.** Cuida la naturaleza.

TESA
- [ ] **1.** Es una marca líder mundial en el sector del automóvil.
- [ ] **2.** Diseña coches seguros y atractivos.
- [ ] **3.** Tiene fábricas en Japón, EEUU y Latinoamérica.

C. Ahora, mira otra vez el *Libro del alumno* para comprobar si lo has hecho bien.

15 El holding MUNDITURISMO pide un anuncio a una compañía de publicidad. Ésta es la ficha con los datos de MUNDITURISMO.

MUNDI*Turismo*

CREACIÓN: 1972

EMPRESAS DEL HOLDING: 5 cadenas de hoteles, 1 compañía aérea,

10 agencias de alquiler de coches y 1 escuela de traductores.

EMPLEADOS: 4000.

SUCURSALES: En todo el mundo.

Aquí tienes el anuncio. Hay varios errores; corrígelos y escríbe el anuncio otra vez.

MUNDI*Turismo*

- Es un holding internacional líder en el sector del automóvil.
- Tiene 5 fábricas, 1 compañía de transportes y 10 agencias de alquiler de coches.
- Sus 400 empleados trabajan en sucursales de toda Europa para ofrecer el mejor servicio a sus clientes.

16 Vas a escuchar diez frases. Señala en el cuadro a qué persona gramatical corresponde cada una.

	1	2	3	4	5	6	7	8	9	10
yo										
tú										
él, ella, usted										
nosotros/as										
vosotros/as										
ellos/as, ustedes										

17 Escribe frases para presentar estas empresas utilizando un elemento de cada caja. Puedes hacer varias frases para cada empresa.

El Banco de Santander es una empresa española y tiene sucursales en Latinoamérica.

Una empresa española	Sucursales en Latinoamérica
Compañía americana	Una compañía japonesa
Empresa europea	Muchos clientes en el sector servicios
Teléfonos móviles	Una empresa de aparatos de sonido y vídeo
Automóviles	La empresa líder en el sector de la informática

tener   vender   fabricar   ser   estar

18 Juega con tu compañero. Piensa en una empresa o en una marca. Tu compañero tiene que hacerte preguntas para descubrir cómo se llama. Tú sólo puedes contestar **sí** o **no**.

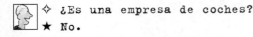

✧ ¿Es una empresa de coches?
★ No.

19 Aquí tienes una ficha con los principales datos de la empresa donde trabajas. Escribe una presentación.

Mi empresa se llama...

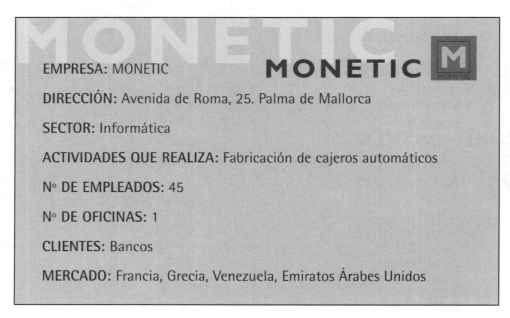

EMPRESA: MONETIC

DIRECCIÓN: Avenida de Roma, 25. Palma de Mallorca

SECTOR: Informática

ACTIVIDADES QUE REALIZA: Fabricación de cajeros automáticos

Nº DE EMPLEADOS: 45

Nº DE OFICINAS: 1

CLIENTES: Bancos

MERCADO: Francia, Grecia, Venezuela, Emiratos Árabes Unidos

20 **A.** Lee el texto y busca las palabras equivalentes.

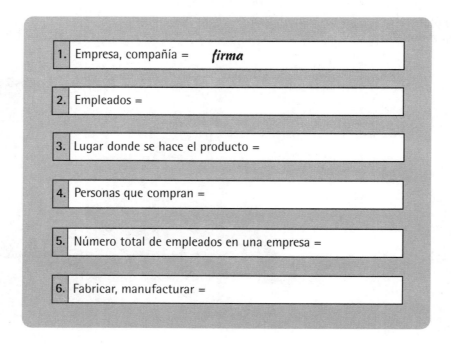

1. Empresa, compañía = *firma*

2. Empleados =

3. Lugar donde se hace el producto =

4. Personas que compran =

5. Número total de empleados en una empresa =

6. Fabricar, manufacturar =

B. Ahora, imagina que tienes que explicarle a alguien esta información. No necesitas repetirlo todo; puedes hacerlo con menos palabras. Escríbelo.

Géneros de Punto Ferrys compra Fabrilmalla

Cuatro empleados de Ferrys.

Los propietarios de Géneros de Punto Ferrys compran Fabrilmalla, una empresa de Igualada (Barcelona) que fabrica ropa interior, pijamas y ropa de baño y que tiene una plantilla de 239 trabajadores.

Las dos son empresas familiares y confeccionan en sus fábricas ropa interior masculina y femenina. Ferrys es la marca comercial de Géneros de Punto Ferrys; JimMiss es la marca de la firma Fabrilmalla.

Los nuevos propietarios dicen que las cuatro líneas pueden continuar en el mercado porque van dirigidas a clientes diferentes. Explican que la ropa interior de Ferrys es más barata pero que la de Fabrilmalla está mejor diseñada.

(Adaptado de **EL PAIS Negocios**)

21 En esta sopa de letras se esconden ocho palabras que has aprendido en esta unidad.

```
A R A D O R E Q R E A C O A
G A K E S E C T O R Q V Ñ Z
E S S P A I P N J H D F R O
N Y U U D H B Ñ F Q F A S F
C R C F E F J L I E G B G I
I A U I J U C E T R H R D C
A G R T R A A O R T J I I I
D L S C O M P A Ñ I A C T N
D S A G O E Q Z O U L A R A
S U L E D P R O D U C T O X
F E R U R F U X A O Z D C O
F H M A R C A F L P X Z T A
```

COMPRUEBA TUS CONOCIMIENTOS

1 Elige la opción más adecuada.

1. ¿Qué _____ "farmacia"?
   - ☐ a. dice
   - ☐ b. se llama
   - ☐ c. significa
   - ☐ d. tiene

2. Mi marido y yo_____ abogados
   - ☐ a. son
   - ☐ b. somos
   - ☐ c. sois
   - ☐ d. soy

3. ¿Cómo _____ "please" en español?
   - ☐ a. escribe
   - ☐ b. se dice
   - ☐ c. dice
   - ☐ d. llama

4. _____ _____ Ana y Carmen.
   - ☐ a. Ésta son
   - ☐ b. Esto es
   - ☐ c. Éstas son
   - ☐ d. Estos son

5. _____ Jan y_____belga.
   - ☐ a. me llamo/es
   - ☐ b. soy/estoy
   - ☐ c. me llamo/soy
   - ☐ d. llamo/soy

6. Cinco, diez, _____, veinte, veinticinco.
   - ☐ a. cincuenta
   - ☐ b. quince
   - ☐ c. once
   - ☐ d. diez y cinco

7. No, yo no _____ correo electrónico.
   - ☐ a. soy
   - ☐ b. hago
   - ☐ c. tengo
   - ☐ d. estudio

8. Pedro _____ médico y trabaja _____un hospital.
   - ☐ a. hace/en
   - ☐ b. es/de
   - ☐ c. es/en
   - ☐ d. es/a

9. ✧ ¿Dónde vives?
   ★ _____ la calle Sepúlveda n° 25.
   - ☐ a. De
   - ☐ b. A
   - ☐ c. En
   - ☐ d. Es

10. Creo que Luis y su hermano _____ en un banco.
    - ☐ a. son
    - ☐ b. tienen
    - ☐ c. trabajan
    - ☐ d. hacen

11. ✧ Vivo en la Gran Vía.
    ★ _____
    - ☐ a. Yo sí.
    - ☐ b. Vivo en la Gran Vía.
    - ☐ c. Yo también.
    - ☐ d. Yo tampoco.

12. Ana, Carmen, vosotras _____ ruso, ¿no?
    - ☐ a. hablamos
    - ☐ b. habláis
    - ☐ c. hablan
    - ☐ d. hablas

13. ✧ Luis es mexicano ¿no?
    ★ _____
    - ☐ a. Creo sí.
    - ☐ b. Que sí.
    - ☐ c. Creo que.
    - ☐ d. Sí, creo que sí.

14. ✧ ¿A qué os dedicáis?
    ★ _____
    - ☐ a. Estamos abogados.
    - ☐ b. Hacemos abogados.
    - ☐ c. Somos abogados.
    - ☐ d. Son abogados.

15. Un policía trabaja en _____
    - ☐ a. un restaurante.
    - ☐ b. un hospital.
    - ☐ c. una comisaría.
    - ☐ d. una escuela.

16. ¿Cuántas oficinas _____ su empresa en Barcelona, señor Ibáñez?
    - ☐ a. es
    - ☐ b. hay
    - ☐ c. tiene
    - ☐ d. está

17. ✧ ¿En qué piso vivís?
    ★ _____
    - ☐ a. Calle Alarcón.
    - ☐ b. En Madrid.
    - ☐ c. En el tercero derecha.
    - ☐ d. Cinco.

18. Es una empresa que tiene tres _____ en Bilbao.
    - ☐ a. sucursales
    - ☐ b. automovilística
    - ☐ c. turismo
    - ☐ d. oficina

19. El año 1985 se dice:
    - ☐ a. diecinueve ochenta cinco.
    - ☐ b. mil novecientas ochenta y cinco.
    - ☐ c. mil novecientos ochenta y cinco.
    - ☐ d. mil nueve ochenta y cinco.

20. Creo que María y Pepe _____ _____ París.
    - ☐ a. son/en
    - ☐ b. están/a
    - ☐ c. están/en
    - ☐ d. están/de

Resultado: _____ de 20

2 Lee el siguiente texto y decide si las frases son verdaderas (V) o falsas (F).

Panchos
una empresa en expansión

Oficinas de la sede central de Panchos.

Panchos, la famosa cadena de tiendas de ropa, con más de trescientas sucursales en Europa ahora también tiene tiendas en Asia, concretamente en Tailandia y en Japón. Con las nuevas tiendas, los empleados de esta empresa española superan los 2.500. Contact, la marca de ropa más conocida de

Panchos se produce en sus fábricas españolas de Valencia y Tarragona mientras que Punto, su otra marca, se hace ahora en sus fábricas de Tailandia. Para la fabricación de todas sus prendas solo utilizan materiales 100% naturales, ésta es la clave del éxito de esta joven empresa líder en el sector de la moda.

☐ 1. Panchos es una marca de ropa líder en el sector de la moda.

☐ 2. En total, Panchos tiene más de 2.500 empleados.

☐ 3. Panchos no vende sus productos en Europa.

☐ 4. Contact y Punto se fabrican en España.

☐ 5. Fabrican sus prendas con materiales 100% naturales.

Resultado: _____ de 10

3 Ana quiere solicitar un crédito. Escucha la conversación y completa la ficha con sus datos.

DATOS DEL SOLICITANTE

Nombre _____

Edad _____ Estado civil _____

Dirección _____

Profesión _____

Resultado: _____ de 10

 **4** Con los datos que tienes en la ficha escribe una presentación para la empresa SUPERNET.

Empresa: SUPERNET
Sector: informática
Nacionalidad: española
Producto: ordenadores personales
Oficina principal: Avda. Bergaran 189 (Bilbao)
Sucursales: Madrid, Zaragoza, Barcelona y Valencia
Empleados: 150
Clientes: Escuelas y Universidades

Resultado: _____ de 10

Total: _____ de 50

Le presento **al director general**

Ejercicios

1 Relaciona las siguientes definiciones con el adjetivo correspondiente.

1. Una persona que trabaja mucho:

2. Una persona muy positiva:

3. Una persona que hace cosas extrañas:

4. Lo contrario de optimista:

5. Una persona que se relaciona sin problemas con la gente:

6. Una persona que trabaja poco:

7. Una persona que provoca alegría y risa:

8. Una persona que nunca llega tarde:

9. Lo contrario de divertido/a:

10. Una persona que habla poco:

trabajador/a

aburrido/a   sociable

divertido/a

puntual   vago/a

pesimista

raro/a

optimista

callado/a

2 Isabel y Manuela trabajan en Philips. Están hablando sobre Ana Garrigues, una nueva abogada de la empresa. Escucha y escribe los adjetivos que utilizan para hablar de ella.

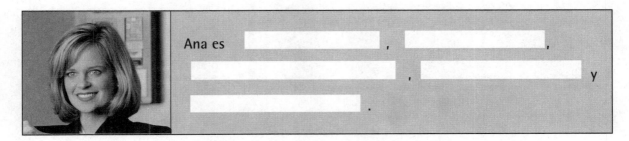

Ana es _____ , _____ ,

_____ , _____ y

_____ .

3 Imagina que puedes elegir un jefe o una jefa. ¿Qué cuatro cualidades son las más importantes para ti? Habla con tu compañero y comparad vuestra elección.

◇ **Yo creo que para ser jefe es importante ser simpático.**

	simpático/a	guapo/a	optimista	competente	exigente	serio/a	puntual	inteligente	joven
es importante									
no es importante									

4 **A.** Piensa en ti y en gente que conoces. ¿Quién es...?

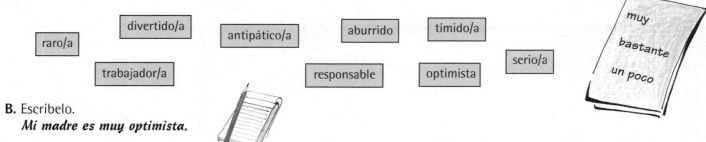

raro/a
divertido/a
antipático/a
aburrido
tímido/a
serio/a
trabajador/a
responsable
optimista

muy
bastante
un poco

B. Escríbelo.

Mi madre es muy optimista.

5 **A.** Lee el siguiente texto. ¿Cómo se llaman las personas de la foto?

Clara Hernández es española, de Murcia, y **su marido**, Enrique Peña, de Valencia. Clara y Enrique tienen dos hijos: un chico que se llama Quique, de 28 años; y una chica, María, de 22. Clara y Enrique tienen una librería especializada en literatura infantil, **su hija** trabaja en la librería por las tardes y por las mañanas va a la Universidad. **Su hijo** Quique es arquitecto y trabaja en una empresa de construcción. Quique está casado; **su mujer**, Ana, es abogada y trabaja en una compañía de seguros. Tienen dos hijos, Kiko y Eulalia. Los niños van mucho a la librería de **sus abuelos**. Clara quiere mucho a **sus nietos** Kiko y Eulalia y siempre les regala libros.

B. Vuelve a leer el texto. Fíjate en cuándo usamos **su** y cuándo **sus**. Después completa el cuadro.

1. su marido	*El marido de Clara*
2. su hija	
3. su hijo	
4. su mujer	
5. sus abuelos	
6. sus nietos	

C. ¿Puedes ahora completar este cuadro con **su** y **sus**?

de él, de ella	de ellos, de ellas
_____ coche	_____ coche
_____ carta	_____ carta
_____ coches	_____ coches
_____ cartas	_____ cartas

D. Lee estas frases. Si no son verdaderas, corrígelas.

1. Clara es la abuela de Quique y de María.
   No, Clara es su madre.
2. Quique y María son hermanos.
   _____
3. Kiko y Eulalia son los hijos de María.
   _____
4. Clara y Enrique son los padres de Kiko y de Eulalia.
   _____
5. María es la hermana de Kiko y de Eulalia.
   _____
6. María es la mujer de Quique.
   _____
7. Eulalia es la hija de Kiko.
   _____
8. Quique y María son los padres de Clara y Enrique.
   _____

6 **A.** Rosa está hablando de su familia. Escucha y completa su árbol genealógico.

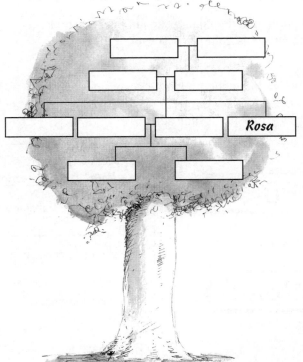

Miguel

Luis

Elena

Antonio

Margarita

Elvira

Vicente

Amparo

Paco

B. Compara tus resultados con los de tu compañero.

C. Ahora, habla sobre tu familia con tu compañero.

 ✧ `Mi hermano se llama... ; trabaja en...`

7 ¿De qué departamentos crees que son responsabilidad estos temas? Si no conoces alguna palabra, pregunta a tu profesor o búscala en el diccionario.

*1. **Las facturas son responsabilidad del Departamento de Contabilidad.***

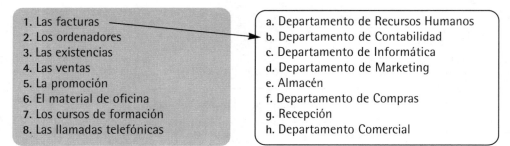

1. Las facturas
2. Los ordenadores
3. Las existencias
4. Las ventas
5. La promoción
6. El material de oficina
7. Los cursos de formación
8. Las llamadas telefónicas

a. Departamento de Recursos Humanos
b. Departamento de Contabilidad
c. Departamento de Informática
d. Departamento de Marketing
e. Almacén
f. Departamento de Compras
g. Recepción
h. Departamento Comercial

 8 **A.** Escucha cómo suenan las letras **r** y **rr** en estas palabras.

aburrido	divertido	Israel
presento	general	responsable
libro	recepción	serio
correspondiente	señor	ruso
director	Enrique	compañero

Como has podido oír, la **rr** y la **r** de principio de palabra suenan más fuerte: la lengua vibra varias veces. La **r** también suena como la **rr** si está después de **n** o **s**.

 B. Ahora vuelve a oír las palabras teniendo en cuenta lo que acabas de leer.

9 ¿Qué dices en estas situaciones y en las horas indicadas?

1
`18:00`

2
`20:30`

3
`12:30`

4
`08:30`

5
`21:30`

6
`17:00`

1. Sales de casa y ves a un vecino.
   ¡Hola! Buenas tardes. _____ .

2. Terminas de trabajar y te vas a casa.
   _____ .

3. Sales de la consulta del dentista.
   _____ .

4. Llegas a la oficina.
   _____ .

5. Sales del gimnasio. Vas todos los días.
   _____ .

6. Entras en una farmacia para comprar.
   _____ .

10 **A.** Una secretaria de la empresa Overtour envía por fax un memorándum.
El fax no funciona bien y algunas palabras no están completas. Escríbelas tú.

FAX

OverTour

DE: OVERTOUR. (Departamento de Personal)

A: ADSConsulting

ASUNTO: Lista de directivos de Overtour. Solicitada el 5-11 del presente mes

- Pablo Redondo es el jefe de Informática; es el _ _ _ _ _ _ sab _ _ de los sistemas informáticos de la empresa.
- Yolanda Ruiz es la directora comercial; es la _ _ _ a del Departamento de Ventas.
- Francisco Maceiras es el _ _ f _ de Prensa y lleva el Departamento de Relaciones Públicas.
- Macarena Guzmán es la jefa de _ _ _ _ _ bi _ _ _ _ d; lleva el Departamento de Contabililidad.
- Javier Salas es el director _ _ n _ _ _ _ _ ro; lleva el Departamento de Administración y Finanzas.
- Horacio Semper es el jefe de _ _ _ _ onal; lleva el Departamento de Recursos Humanos.

B. Un consultor de ADSConsulting recibe el memorándum. Quiere hablar con
algunas personas de OVERTOUR y llama por teléfono a diferentes horas. ¿Qué
le dice a la telefonista en cada caso?

1.	Llama al director financiero.

2.	Llama al jefe de Personal.

3.	Llama al jefe de Prensa.

4.	Llama a la persona que lleva el Departamento de Contabilidad.

Por la mañana: hablar
con el director financiero y
con el responsable de
Contabilidad

Por la tarde: hablar con el
jefe de Prensa y con el de
Personal

11 Completa los diálogos con **el/la/los/las** o con **un/una/unos/unas**.

---

1. ✧ ¿Quién es Mark Morrison?

   ★ Es _____ nuevo responsable de España, Francia y Portugal.

2. ✧ ¿Quién es Luis?

   ★ _____ compañero de clase.

3. ✧ Perdón, ¿Rita Anderson? Es _____ responsable de informática.

   ★ Trabaja en la quinta planta.

   ✧ Gracias.

4. ✧ ¿Quiénes son los señores Márquez?

   ★ _____ padres de Emilio.

5. ✧ ¿El Departamento de Investigación y Desarrollo?

   ★ _____ laboratorio está en _____ tercera planta, pero _____
   oficinas están en _____ cuarta.

6. ✧ Tenemos dos extranjeros en la empresa: _____ francesa, que es traductora,
   y _____ holandés, que es _____ director general.

7. ✧ Luis es _____ novio de Ana.

8. ✧ Carmen y Elisa son _____ amigas mías.

---

12 **A.** Lee las siguientes frases y completa el cuadro.

1. Mira, Javier, te presento a Ana, es mi novia.

2. Señor Casado, señor Gil, les presento a la señora Collins; la nueva
   asesora comercial.

3. Señor Jansens, mire, le presento a Olga Gil; es mi compañera de despacho.

4. María, Paula, os presento a Erik; el nuevo ayudante de Miguel.

tú	vosotros	usted	ustedes
te presento			

13 **A.** Vas a escuchar seis presentaciones. Escribe si se usan las formas correspondientes a **tú**, **vosotros**, **usted** o **ustedes**.

1. _____   4. _____

2. _____   5. _____

3. _____   6. _____

B. Escucha otra vez y escribe quién es cada persona.

1. *Es la hija de Miguel.*   4. _____

2. _____   5. _____

3. _____   6. _____

14 **A.** Lee estos tres artículos sobre nombramientos y completa las fichas.

①

ENRIQUE MOLINA ESCOBAR

*Director General de la
División de Papel de Ecopapel*

Ingeniero industrial de 58 años.
Trabaja en la compañía papelera
desde 1973. Entre sus cargos
anteriores están, entre otros,
los siguientes: director de
Marketing y jefe de Producción.
Su último cargo: director
general adjunto.

②

JUAN DÍAZ DELGADO

*PRESIDENTE DE YAMAHA
MOTOR ESPAÑA*

Economista de 55 años, está vinculado al
grupo Yamaha desde el año 1975,
primero en la central europea de
Amsterdam como director de Marketing y
director de Nuevos Productos y Estrategia
de la compañía en Europa, y posterior-
mente desde 1981 en España como
fundador y director general de
Yamaha Motor España.

③

LUISA DEL RÍO MONTORO
*Directora de Recursos
Humanos de Argentaria*

Licenciada en Derecho por la Universidad
Complutense de Madrid y Master en derecho
del Trabajo y Seguridad Social,
proviene de la secretaría general del grupo
asegurador AXA, donde ocupaba
el cargo de directora de Recursos Humanos.

Nombre: _____
Apellidos: _____
Edad: _____
Cargo anterior: _____
_____
Cargo actual: _____

Nombre: _____
Apellidos: _____
Edad: _____
Cargo anterior: _____
_____
Cargo actual: _____

Nombre: _____
Apellidos: _____
Edad: _____
Cargo anterior: _____
_____
Cargo actual: _____

B. En grupos de tres. Elige a dos de las personas anteriores y preséntaselas a dos compañeros.

◇ Os presento a...
★ Encantado.
○ Encantado. ¿Qué tal?

15 Escucha y reacciona.

1. _____   5. _____

2. _____   6. _____

3. _____   7. _____

4. _____   8. _____

16 **A.** Probablemente en tu lengua también existe la diferencia entre **tú** y **usted** o algo semejante. ¿A quién tratas de **tú** y a quién de **usted**? Escríbelo.

Yo trato de tú a mi familia, a mis amigos; y de usted a...

B. Habla con tu compañero. ¿Hay muchas diferencias?

17 ¿Cómo tratarías en España a las siguientes personas, de **tú** o de **usted**?
¿Y en tu país? Coméntalo después en la clase con tus compañeros y tu profesor.

¿TÚ O USTED?	EN ESPAÑA	EN TU PAÍS
1. Estás alojado en un hotel: al recepcionista.		
2. En un restaurante de lujo: a los camareros.		
3. Vas a cenar a casa de un amigo: a sus padres.		
4. Al novio de una amiga.		
5. A tu vecino; un señor de 60 años.		
6. En el banco: al empleado que siempre te ayuda y que tiene la misma edad que tú.		
7. En un congreso: a tu compañero de asiento.		
8. En el bar al que siempre vas a tomar un café o una cerveza: al camarero.		
9. Al marido o a la mujer de un conocido.		
10. En el avión; a la azafata.		

18 **A.** En parejas A y B. Aquí tienes las fotos de cuatro personas. Imaginad que A conoce a dos de ellas y B a las otras dos. Completa la ficha de las dos personas que conoces.

FICHA 2

Edad: _____

Estado civil: _____

Profesión: _____

Relación contigo: _____

Carácter: _____

FICHA 1

Edad: _____

Estado civil: _____

Profesión: _____

Relación contigo: _____

Carácter: _____

Cristina

Rubén

Maribel

Encarna

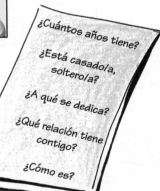
¿Cuántos años tiene?

¿Está casado/a, soltero/a?

¿A qué se dedica?

¿Qué relación tiene contigo?

¿Cómo es?

B. Haz preguntas a tu compañero para completar las fichas de las personas que ha elegido él.

FICHA 3

Edad: _____

Estado civil: _____

Profesión: _____

Relación contigo: _____

Carácter: _____

FICHA 4

Edad: _____

Estado civil: _____

Profesión: _____

Relación contigo: _____

Carácter: _____

19 **A.** ¿Conoces los diferentes saludos que existen en mundo? Lee el texto; en él, cada saludo tiene un número. Decide qué imagen corresponde a cada uno.

> **GESTOS Y SALUDOS**
>
> Las costumbres relativas a las presentaciones y saludos pueden variar mucho según la culturas y, obviamente, las personas. *El apretón de manos* (1) es el saludo formal más frecuente en todo el mundo. Sin embargo, en el Extremo Oriente, normalmente, *la gente inclina un poco la cabeza y la parte superior del cuerpo* (2) para saludarse. En otras culturas, como la maorí de Nueva Zelanda, el saludo tradicional consiste en *frotarse mutuamente la nariz* (3). En Rusia, los hombres *se besan en la mejilla* (4) y en España, *se besan en la mejilla las mujeres* (5) en situaciones no formales, mientras que los hombres generalmente se dan la mano. *Levantar la mano o el brazo y moverlo amistosamente* (6), en muchas partes del mundo equivale a un saludo ("¡Hola! ¿Qué tal?") o a una despedida ("¡Adiós! Hasta luego").

B. Ahora, lee estas frases. ¿Son verdaderas (V) o falsas (F)?

	1. En España la gente sólo se da la mano.
	2. En Rusia los hombres se besan en la mejilla.
	3. En los países árabes la gente se frota la nariz.
	4. Los orientales se inclinan ligeramente.
	5. Levantar el brazo y mover la mano puede significar "¡Adiós!"

20 Escribe frases como la del ejemplo uniendo un elemento de cada caja.

Le presento a Eliseo Píriz, un compañero de trabajo. Es el responsable del Departamento de Producción.

Eliseo Píriz	un/a/os/unas compañero/a/os/as de trabajo
los señores Mateo	los padres de un amigo
Miguel y Nuria	un/a/os/as vecino/a/os/as
Lorenzo y José	un/a/os/as amigo/a/os/as
la señora Hurtado	mi/s hermano/a/os/as
Montse y Mario	el/la director/a de Ediciones Iglesias

Éste/a/os/as   es/son

Te/os/le/les presento a

es el responsable del Departamento de Producción

estudia/n empresariales

trabaja/n en una agencia de publicidad

está/n de vacaciones

vive/n en el 5º A

lleva/n la negociación con los clientes

21 **A.** De todas las palabras nuevas de esta unidad, elige las cinco que quieres recordar especialmente.

B. Escribe una frase con cada una. Tiene que ser verdad.

De **gestiones**

Ejercicios

1 Ordena estos tres diálogos.

1.

☐ Muchas gracias.

☐ Perdón, ¿tienes hora?

☐ De nada, de nada.

☐ Sí. Un momento... son las siete y media.

2.

☐ ¿Las dos? Gracias.

☐ Oye Alberto, perdona, ¿qué hora es?

☐ Las dos en punto.

3.

☐ Sí, las cuatro y veinte.

☐ Perdón, ¿tiene hora?

☐ Gracias.

☐ De nada.

2 **A.** Escucha los diálogos ¿Qué hora es?

¿Qué hora es?	
1.	
2.	
3.	
4.	

B. Vuelve a escuchar los diálogos. ¿Qué preguntas hacen para saber qué hora es?

Preguntas	
1.	
2.	
3.	
4.	

3 Escribe qué hora marcan los relojes.

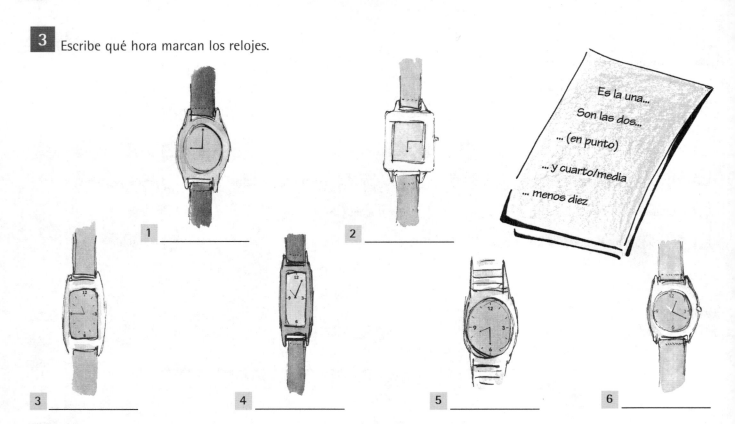

Es la una...

Son las dos...

... (en punto)

... y cuarto/media

... menos diez

1 _____

2 _____

3 _____

4 _____

5 _____

6 _____

4 ¿Dónde puedes hacer estas actividades en España? Si no conoces la palabra, búscala en el diccionario.

1. Comprar flores	*En una floristería*
2. Ver una película	_____
3. Comprar medicinas	_____
4. Lavar la ropa	_____
5. Comprar pan	_____
6. Comer o cenar	_____
7. Comprar joyas	_____
8. Tomar un café	_____
9. Bailar	_____
10. Comprar ropa	_____
11. Comprar sellos	_____
12. Arreglar el coche	_____

5 Aquí tienes los horarios más frecuentes de algunos establecimientos en España.
¿Son iguales en tu país?

	En España	En mi país
Un estanco	de 9.00 a 14.00 y de 17.00 a 20.00	
Un banco	de 8.30 a 14.00	
Una tienda de ropa	de 10 a 14.00 y de 16.30 a 20.30	
Un supermercado	de 9.00 a 14.00 y de 17.00 a 20.00	
Una oficina de Correos	de 8.00 a 14.00	
Un restaurante	de 13.00 a 16.00 y de 21.00 a 24.00	
Una discoteca	de 24.00 a 5.30	
Un kiosco	de 7.30 a 20.30	

6 **A.** Escucha estas palabras. ¿Son objetos de oficina o establecimientos?

Objetos de oficina	Establecimientos
_____	_____
_____	_____
_____	_____
_____	_____
_____	_____
_____	_____
_____	_____
_____	_____
_____	_____
_____	_____

B. Escribe tres palabras nuevas en cada lista. Puedes utilizar el diccionario.

7 **A.** Éste es el bolso que Mari Carmen lleva todos los días al trabajo. ¿Qué lleva dentro? Busca en el diccionario las palabras que no conozcas.

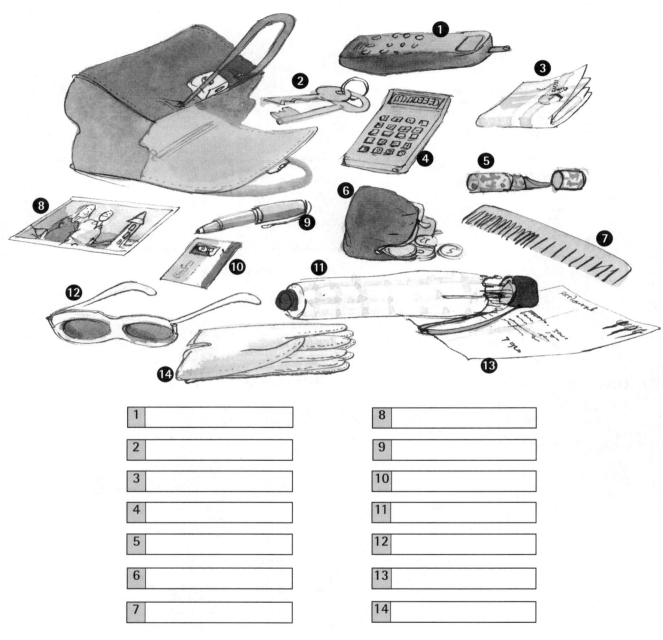

1		8	
2		9	
3		10	
4		11	
5		12	
6		13	
7		14	

B. Ahora piensa en las cosas que llevas a clase o al trabajo. Escríbelo.

Yo, cuando voy al trabajo normalmente llevo...

8 **A.** Relaciona los iconos con las palabras de la columna de la derecha.

1. 🏛	**a.** una parada de taxis
2. **P**	**b.** una estación de metro
3. Metro	**c.** un hospital
4.	**d.** un parking
5. ✚	**e.** una comisaría de policía
6. **T**	**f.** una oficina de Correos
7.	**g.** un hotel
8.	**h.** un museo
9. **H**	**i.** una gasolinera
10. ℹ	**j.** una oficina de información turística

B. Ahora, crea tus propios iconos para estos establecimientos. Puedes poner una letra o inventarte símbolos.

	una farmacia		un estanco		un restaurante		un supermercado		un cine

	una tienda de ropa		una lavandería		una panadería		una joyería		un banco

C. Dibuja un plano de tu barrio o del centro urbano más próximo a tu casa. No te olvides de poner los iconos de todos los establecimientos y servicios que hay. Después comenta con tu compañero qué hay cerca de donde vives.

◇ Mira, aquí hay una farmacia y al lado una cafetería...

 **9** **A.** Pedro no encuentra una cosa y llama a Luisa, su mujer, para pedirle ayuda. Escucha la conversación. ¿Qué busca?

B. Ahora observa esta habitación de la casa de Pedro. ¿Qué hay?

1

2

3

4

5

6

7

8

9

10

11

12

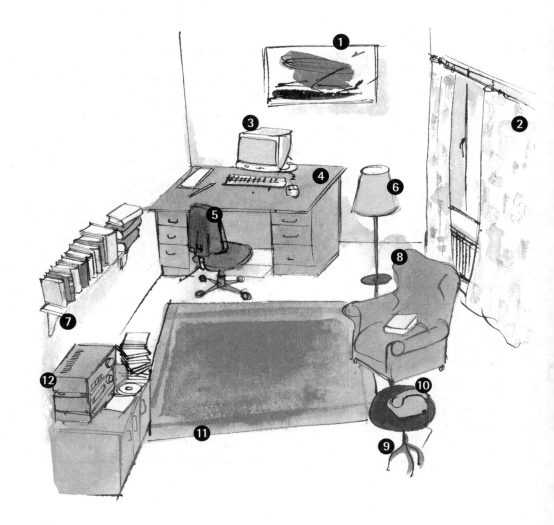

C. Escucha la conversación otra vez y marca en el dibujo en qué lugares tiene que mirar Pedro. ¿Sabes dónde está lo que busca?

10 En parejas. Tienes que esconder tu bolígrafo en algún lugar de la clase. Escríbelo en un papel. Después, tu compañero te va a hacer preguntas para descubrir dónde está.

 ◇ ¿Está debajo de tu cuaderno?
★ No.

11 Relaciona lugares y frases.

1. Madrid	a. está en Nueva York.
2. En París	b. hay muchos canguros.
3. Portugal	c. hay dos lenguas oficiales.
4. El aeropuerto J.F. Kennedy	d. está al lado de España.
5. En Río de Janeiro	e. hay un carnaval muy famoso.
6. En Australia	f. está en el centro de España.
7. En Canadá	g. está en Berlín.
8. La Puerta de Brandemburgo	h. hay un edificio de Eiffel.

12 **A.** Escucha las palabras y ponlas en la columna adecuada.

Sonido /x/ (ja, je, ji, jo, ju, ge, gi)	
Sonido /g/ (ga, gue, gui, go, gu)	*Guipúzcoa*

B. ¿Sabes en qué países están los lugares anteriores? Escríbelo y después coméntalo con un compañero.

 ✧ Guipúzcoa está en España, en el País Vasco, creo.

13 En parejas.

Alumno A. Aquí tienes dos listas de cosas que normalmente se utilizan en una oficina. Imagina que tienes cuatro y que necesitas otras cuatro. Márcalas con una X. Después, pide a tu compañero las cuatro cosas que necesitas.

Tienes	Necesitas
☐ una grapadora	☐ un disquete
☐ un sobre	☐ un sello
☐ un clip	☐ un bolígrafo
☐ una hoja de papel	☐ una goma
☐ un lápiz	☐ un rotulador
☐ una regla	☐ unas tijeras
☐ un diccionario	☐ una calculadora
☐ un euro	☐ un sacapuntas

Alumno B. Aquí tienes dos listas de cosas que normalmente se utilizan en una oficina. Imagina que tienes cuatro y que necesitas otras cuatro. Márcalas con una X. Después, pide a tu compañero las cuatro cosas que necesitas.

Tienes	Necesitas
☐ un disquete	☐ una grapadora
☐ un sello	☐ un sobre
☐ un bolígrafo	☐ un clip
☐ una goma	☐ una hoja de papel
☐ un rotulador	☐ un lápiz
☐ unas tijeras	☐ una regla
☐ una calculadora	☐ un diccionario
☐ un sacapuntas	☐ un euro

◇ ¿Tienes una grapadora?
★ No, no tengo. Y tú, ¿tienes un bolígrafo?
○ Sí, toma.

14 **A.** Varias personas están en diferentes establecimientos.
Completa los diálogos.

¿Para...?
¿Tienen...?
Quería...
¿Cuánto...?

1. ✧ Buenos días. _____ alquilar un coche.
   ★ ¿Qué modelo quiere?

2. ✧ ¿ _____ bolígrafos?
   ★ Sí, claro. ¿De qué color?

3. ✧ Perdone, ¿ _____ comprar una entrada para el concierto de esta noche?
   ★ Sí, aquí a la izquierda.

4. ✧ ¿Desea alguna cosa?
   ★ Sí. ¿ _____ cuesta la entrada al museo?

5. ✧ Oiga, ¿_____ poner gasolina sin plomo?
   ★ Aquí al lado.
   ✧ Gracias.

6. ✧ Hola. _____ reservar un billete para Madrid.
   ★ Un momento, por favor.

7. ✧ Hola. Buenos días.
   ★ _____ dos sellos para Estados Unidos.

8. ✧ Perdone, ¿ _____ cuesta un billete para Bilbao?
   ★ ¿En tren?
   ✧ No , en autocar.

9. ✧ ¿ _____ prensa internacional?
   ★ Sí, está al lado de las postales.

10. ✧ ¿ _____ renovar el pasaporte?
    ★ La primera planta a la derecha.

B. ¿Dónde crees que están las personas del apartado anterior?

1. *En una oficina de alquiler de coches.*	6.
2.	7.
3.	8.
4.	9.
5.	10.

15 **A.** Lee el anuncio y responde a las preguntas.

¿Qué es?	
¿Qué hay?	
¿Dónde está?	
¿Cuál es su horario?	

El acuario de Barcelona
es otro mundo

Port Vell (Barcelona)

Un fascinante paseo por el mundo submarino donde podrás ver todo tipo de peces exóticos, tiburones y otras especies subacuáticas. El acuario más importante y grande del mundo especializado en la fauna marina del Mediterráneo. Veinte grandes tanques y un inmenso oceanario. Una de las principales atracciones es un túnel transparente de ochenta metros que muestra diferentes hábitats y mares del mundo. Paisajes marinos que representan tres zonas del Mediterráneo en el nuevo espacio "¡Explora!". Único en el mundo.

Servicios: Auditorio, Sala Mediterránea, cajero automático, cafetería, tienda temática, terraza panorámica, servicio de información.

Horario: de 10.00 a 21.00 horas.

B. Elige uno de estos establecimientos y escribe un anuncio. Si quieres, puedes proponer otro establecimiento que no esté en la lista.

> un parque de atracciones   una discoteca   una sala de juegos
> un museo   una estación de esquí   un balneario

16 Relaciona las preguntas con las respuestas.

1. ¿Dónde puedo comprar sellos?	a. Creo que es un "lápiz".
2. ¿Sabes dónde está el despacho de la Sra. Martínez?	b. A las 12.
3. ¿A qué hora vas al aeropuerto?	c. En la segunda planta.
4. ¿Sabes cómo se llama esto?	d. En un kiosco.
5. ¿Dónde puedo comprar un periódico?	e. A Correos.
6. ¿Adónde vas a las 10?	f. En un estanco.

17 **A.** Organízate el día. ¿Qué tienes que hacer hoy? (También puedes organizar la agenda de mañana).

B. ¿A qué lugares tienes que ir para hacer las actividades de tu agenda?

18 Completa el cuadro.

	PODER	SABER	IR
yo			
tú		*sabes*	
él, ella, usted	*puede*		
nosotros/as			
vosotros/as			*vais*
ellos/as, ustedes			

Locales y oficinas

Ejercicios

1 Estos cheques están incompletos. Escribe en ellos los datos que faltan.

1

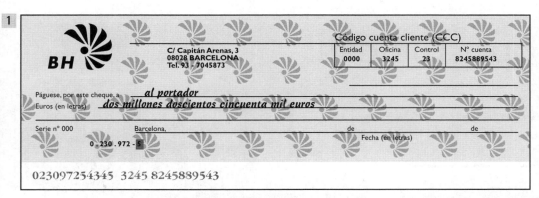

BH

C/ Capitán Arenas, 3
08028 BARCELONA
Tel. 93 - 7045873

Código cuenta cliente (CCC)

Entidad	Oficina	Control	Nº cuenta
0000	3245	23	8245889543

Páguese, por este cheque, a *al portador*
Euros (en letras) *dos millones doscientos cincuenta mil euros*

Serie nº 000   Barcelona, _____ de _____ de

Fecha (en letras)

0 . 230 . 972 - 5

023097254345   3245 8245889543

2

BH

C/ Capitán Arenas, 3
08028 BARCELONA
Tel. 93 - 7045873

Código cuenta cliente (CCC)

Entidad	Oficina	Control	Nº cuenta
0000	3245	23	8245889543

#53.250 € #

Páguese, por este cheque, a *al portador*
Euros (en letras)

Serie nº 000   Barcelona, _____ de _____ de

Fecha (en letras)

0 . 230 . 972 - 5

023097254345   3245 8245889543

3

BH

C/ Capitán Arenas, 3
08028 BARCELONA
Tel. 93 - 7045873

Código cuenta cliente (CCC)

Entidad	Oficina	Control	Nº cuenta
0000	3245	23	8245889543

Páguese, por este cheque, a *al portador*
Euros (en letras) *cuarenta mil veinticinco euros*

Serie nº 000   Barcelona, _____ de _____ de

Fecha (en letras)

0 . 230 . 972 - 5

023097254345   3245 8245889543

4

BH

C/ Capitán Arenas, 3
08028 BARCELONA
Tel. 93 - 7045873

Código cuenta cliente (CCC)

Entidad	Oficina	Control	Nº cuenta
0000	3245	23	8245889543

#7.130 € #

Páguese, por este cheque, a *al portador*
Euros (en letras)

Serie nº 000   Barcelona, _____ de _____ de

Fecha (en letras)

0 . 230 . 972 - 5

023097254345   3245 8245889543

2 **A.** Una agencia inmobiliaria de Bilbao anuncia este piso. Mira el plano y completa las palabras. Puedes usar el diccionario.

¡Gran oportunidad!

Bien distribuido. Grande.

Amplio recibidor, 3 ventanas a la calle, 3 dormitorios,
1 cuarto de baño, aseo, salón y cocina. Muy buena situación.

Referencia 24/62

TORRES
Agencia Inmobiliaria

1. C _ _ _ _ _

2. S _ _ _ _

3. C _ _ _ _ _ DE B _ _ _

4. A _ _ _

5. D _ _ _ _ _ _ _ _ _

6. V _ _ _ _ _ _

7. R _ _ _ _ _ _ _ _

B. Imagina que tu empresa te traslada a Bilbao y que tienes que alquilar un piso Éste te interesa, pero necesitas más información. Escribe las preguntas. Puedes usar elementos de 2 ó 3 cajas.

¿Cuánto cuesta?

cuánto	es	garaje
cuánta	está	reformas
cuántos	tiene	metros
cuántas	necesita	nuevo
dónde	cuesta	ascensor
		luz
		exterior
		calefacción

 C. Ahora escucha la conversación. ¿Puedes responder a todas tus preguntas?

D. Con toda la información que tienes, ¿alquilas el piso? ¿Por qué?

3 **A.** Observa cómo en este anuncio se abrevian muchas palabras. Interpreta
y reescribe los otros dos siguiendo el modelo.

①
JTO. MERCADO DE LA CONCEPCIÓN

Barrio tranquilo, impecable,
no nec. reform., 3 hab., bño.,
aseo/coc. nvos., Tza. amplia,
fantásticas vtas., asc., pl. pk.
opc. 145.000 euros.
Tel. 901 56 65 65

Es un piso impecable, no necesita reformas. Está junto al Mercado de la Concepción, en un barrio tranquilo. Tiene tres habitaciones y un baño. El aseo y la cocina son nuevos. La terraza es muy amplia y tiene unas vistas fantásticas. Tiene ascensor y plaza de parking opcional. Cuesta 145.000 euros.

②
JTO. PZA. DE CUBA
Apart. de lujo. Reform. 1 hab. Salón
20 m. ext. 2 balcones, park. opc. Bñ. con
jacuzzi, coc. americana. Calef. y aire acond.
98.000 euros.
Tel. 901 56 65 65

③
AVDA. DON SANCHO
Muy bien comunic. jto.
parque. Muchos m², 4 hab., 2
bñ., coc. reform., gr. salón, trza.
34 m, calefac. central., luz, asc.,
195.000 euros.
Tel. 901 56 65 65

B. Lee ahora las fichas de estas personas que buscan piso. ¿Puedes recomendarles
uno de los pisos anteriores?

1. Lola Fuentes busca un apartamento. Vive sola. Quiere un estudio con una sola habitación, pero con un salón grande. Tiene que ser exterior, con mucha luz; preferiblemente con terraza o, como mínimo, con un balcón. Necesita plaza de parking.

2. Pilar y Candela quieren comprar un piso para dos personas. Prefieren algo nuevo, pero no les importa tener que hacer alguna pequeña reforma. Quieren vivir en una zona tranquila, pero bien comunicada.

3. Los señores Conesa buscan una casa o un piso grande. Tienen dos hijos y un perro. Necesitan, como mínimo, 4 habitaciones y 2 cuartos de baño completos. Buscan una zona tranquila y con jardines. No quieren hacer reformas.

4 Quieres pasar tus próximas vacaciones en España. La empresa Interhogar pone en contacto a gente de distintos países que quiere intercambiar sus casas para pasar las vacaciones. Aquí tienes la descripción de tres casas situadas en diferentes lugares de España. Elige una de ellas. Escribe, luego, una breve descripción de la tuya.

Canet de Mar (Barcelona)

Casa situada en las afueras del pueblo, a cinco minutos de la playa y de la montaña y a unos 50 km de Barcelona. Es una construcción de principios de siglo que se mantiene en su estado original. Tiene dos plantas, cinco habitaciones, cocina, dos salones, dos cuartos de baño y jardín. También hay televisión y teléfono. Ideal para una familia o un grupo de amigos.
Ref. 23/78A

Madrid

Gran piso de lujo en pleno centro de Madrid. Situado en un elegante edificio de finales del XIX con preciosas vistas al Paseo de la Castellana. Tiene tres habitaciones, una gran cocina, techos altos y suelos de madera. Tiene dos cuartos de baño. En el salón hay una preciosa chimenea. Decorado con muebles de época. Ascensor y parking.
Ref. 44/61B

Costa del Sol (Málaga)

Apartamento de dos habitaciones, salón, cocina y cuarto de baño. Está situado a 10 km. de Marbella en una urbanización al lado del mar. Tiene una piscina comunitaria y dos pistas de tenis. Televisión con antena parabólica, teléfono. Gran terraza con vistas.
Ref. 29/79A

5 **A.** Escucha y completa las palabras con las vocales que faltan.

1. p r e f i e r o
2. p _ _ d _ n
3. p r _ f _ _ r _ s
4. q _ _ _ r _ s
5. v _ _ l v _ s
6. p _ d _ m _ s

7. v _ l v _ _ s
8. p r _ f _ r _ m _ s
9. q _ _ _ r _ n
10. p _ d _ _ s
11. v _ _ l v _
12. q _ _ _ r _

B. Coloca en el lugar correspondiente del cuadro las formas verbales anteriores.
Después añade las formas que faltan.

	PREFERIR	QUERER	PODER	VOLVER
yo	*prefiero*			
tú				
él, ella, usted				
nosotros/as				
vosotros/as				
ellos, ellas, ustedes				

C. Ahora, observa el cuadro e intenta formular una regla.

- En español, algunos verbos en Presente cambian la **e** del Infinitivo por **ie** en las formas yo, tú, él, ella, usted y _____ , _____ , _____ .
- Otros verbos cambian la **o** del Infinitivo por **ue** también en las formas yo, _____ , _____ , _____ , _____ y _____ , _____ , _____ .
- En las formas nosotros/as y _____ nunca hay cambios de vocales en Presente.

6 En español hay muchas palabras que tienen los diptongos **ie** y **ue**. Vas a escuchar algunas. Escríbelas en la casilla correspondiente.

IE	*siete*
UE	

7 **A.** Algunos artículos de los Almacenes Estilo no tienen el nombre escrito en las etiquetas. ¿Por qué no lo pones tú?

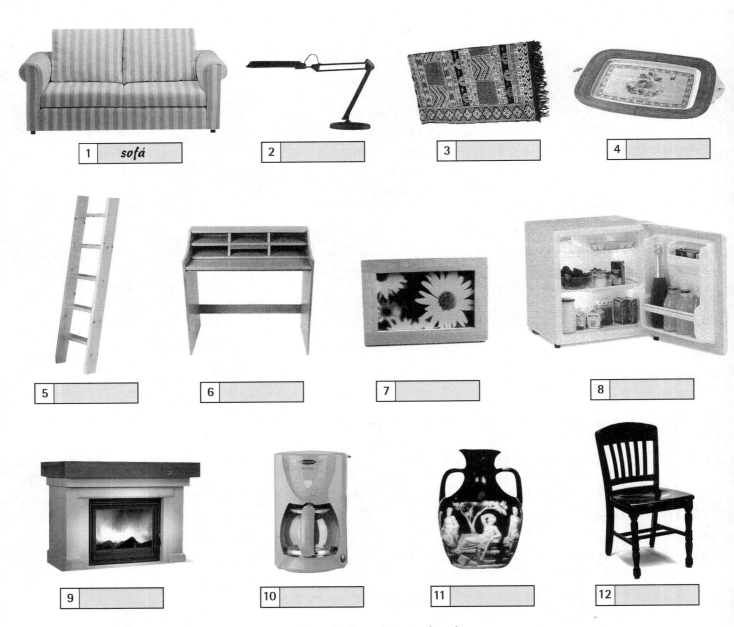

1	*sofá*
2	
3	
4	
5	
6	
7	
8	
9	
10	
11	
12	

B. Habla con tu compañero y piensa cuál pueder ser el precio aproximado de cada mueble u objeto.

◇ ¿Cuánto crees que puede costar esto?
★ Unos 45 euros, ¿no?
◇ Yo creo que cuesta menos...

C. Éstos son los precios exactos de los muebles y los objetos anteriores: 11€; 15€; 17€; 20€; 30€; 30€; 128€; 228€; 250€; 650€; 750€; 1300€. Lee estas frases y escribe el precio de cada cosa al lado del número que le corresponde.

El sofá cuesta el triple que la silla.

La escalera y el jarrón cuestan lo mismo.

La chimenea cuesta el doble que la alfombra.

El marco es el objeto más barato.

La cafetera cuesta 3 euros menos que la lámpara.

El frigorífico cuesta 100 euros menos que el escritorio.

La bandeja cuesta la mitad que el jarrón.

Precios:

1. _____   7. _____
2. _____   8. _____
3. _____   9. _____
4. _____   10. _____
5. _____   11. _____
6. _____   12. _____

8 **A.** Aquí tienes un estudio sobre el mercado inmobiliario realizado en Barcelona en 1998. Léelo y después relaciona las dos columnas de abajo.

En 1998:
1 euro = 165 ptas. aprox.

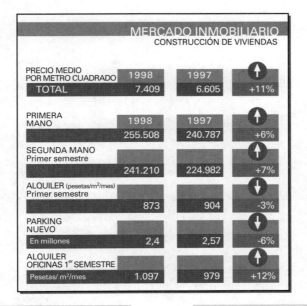

MERCADO INMOBILIARIO CONSTRUCCIÓN DE VIVIENDAS			
PRECIO MEDIO POR METRO CUADRADO	1998	1997	↑
TOTAL	7.409	6.605	+11%
PRIMERA MANO	1998	1997	↑
	255.508	240.787	+6%
SEGUNDA MANO Primer semestre			↑
	241.210	224.982	+7%
ALQUILER (pesetas/m²/mes) Primer semestre			↓
	873	904	-3%
PARKING NUEVO			↓
En millones	2,4	2,57	-6%
ALQUILER OFICINAS 1er SEMESTRE			↑
Pesetas/ m²/mes	1.097	979	+12%

11% = once por ciento

2,57 = dos coma cincuenta y siete

- El precio medio del metro cuadrado
- El metro cuadrado de una vivienda nueva
- El metro cuadrado de una vivienda de 2ª mano
- Los parkings
- El metro cuadrado de una oficina alquilada

- cuesta un 7% más que en 1997.
- sube un 12%.
- es el más caro.
- sube un 11%.
- bajan un 6%.

B. ¿Crees que Barcelona es una ciudad cara? Piensa en tu ciudad y en otras ciudades que conozcas y compara precios. Puedes usar **un poco**, **bastante**, **demasiado** y **muy**. Coméntalo con tu compañero.

 ✧ En mi ciudad los pisos son...

9 Compara los datos de Chile y Argentina y escribe frases siguiendo el modelo.

Argentina es mucho más grande que Chile, pero Chile tiene más habitantes por kilómetro cuadrado.

CHILE

Nombre oficial: República de Chile

Fecha de creación: 1810

Capital: Santiago

Población: 14,5 millones de habitantes

Composición de la población: blancos y mestizos 92%, araucanos 6%, otras 2%

Superficie: 756.626 km^2

Densidad: 19 habitantes por km^2

Lenguas: español, mapuche

Religiones: católicos 89%, protestantes 11%

Sistema de gobierno: República multipartidista

Moneda: peso = 100 centavos

Fronteras políticas: Perú, Bolivia, Argentina

ARGENTINA

Nombre oficial: República Argentina

Fecha de creación: 1816

Capital: Buenos Aires

Población: 33,7 millones de habitantes

Composición de la población: descendientes de inmigrantes europeos 85%, otras (incluidos indios y mestizos) 15%

Superficie: 2.766.890 km^2

Densidad: 13 habitantes por km^2

Lenguas: español, italiano, inglés, alemán, francés, lenguas indias

Religiones: católicos 90%, judíos 2%, otras 8%

Sistema de gobierno: República representativa federal

Moneda: peso = 100 centavos

Fronteras políticas: Chile, Bolivia, Paraguay, Brasil, Uruguay

10 Lee la descripción de los hoteles que aparecen en la página 70 del *Libro del alumno* y escribe el número del hotel correspondiente.

- ☐ Es el más antiguo.
- ☐ Está en la playa.
- ☐ Es el más barato.
- ☐ Tiene peluquería.
- ☐ Tiene una sala de baile.
- ☐ Es el más adecuado para hacer deporte.
- ☐ Es el más caro.
- ☐ Tiene tiendas.

1. HOTEL SANTA CLARA

4. HOTEL MARRIOT PLAZA

2. HOTEL HYATT DORADO BEACH

3. HOTEL ANAUCO HILTON

11 En grupos de tres. Vais a hablar sobre vuestras casas. ¿Cuál de las tres tiene más...?

alfombras   teléfonos

ventanas   puertas   sillas

televisiones   mesas   lámparas

 ◇ **La casa que más ventanas tiene es la de Paul, tiene 12.**

12 Lee estas frases. ¿Crees que tienen un sentido positivo o negativo?

	+	−
1. Es demasiado moderna.		
2. Este escritorio es un poco antiguo.		
3. Es muy original.		
4. Mmm, es un poco grande...		
5. Demasiado clásico.		
6. Éste es bastante barato.		
7. Es un poco caro.		
8. Es un poco feo.		
9. Mmm, demasiado lleno.		
10. Es un edificio muy bonito.		

13 **A.** Aquí tienes algunas palabras de esta unidad. Escríbelas donde corresponda.

> reloj   alfombra   ordenador   sofá   cortina   escritorio   calefacción
>
> ascensor   garaje   terraza   salón   recibidor   lámpara   frigorífico   habitación

el/un	la/una
reloj	

B. Escoge cinco nombres y combínalos con adjetivos (**caro/a**, **bonito/a**, **cómodo/a**, **grande**, **antiguo/a**, etc.) como en el ejemplo. Las frases tienen que ser verdad.

El garaje de mi casa es muy pequeño.

14 Trabajas en el Departamento de Compras de unos grandes almacenes. Varios fabricantes te ofrecen estos muebles. ¿Con cuáles te quedas? Escribe frases explicando tu elección.

Sillón giratorio
125 €

Sillón reclinable
275 €

Sillón de orejas
120 €

Sofá cama
785 €

Sofá de esquina
1250 €

Sofá dos plazas
395 €

Reloj de pared
25 €

Reloj despertador
19 €

Reloj digital
22 €

Me quedo con el sillón... porque...

15 Aquí tienes la serie del número 5. Escribe tú una serie con otro número. Compárala con la de tu compañero. ¿Quién tiene la serie más larga?

5	*cinco*
55	*cincuenta y cinco*
555	*quinientos cincuenta y cinco*
5.555	*cinco mil quinientos cincuenta y cinco*
55.555	*cincuenta y cinco mil quinientos cincuenta y cinco*

16 Completa los siguientes pares de palabras. Puedes consultar el diccionario.

bonito/a	*feo/a*
cómodo/a	
moderno/a	
barato/a	
pequeño/a	

seguro/a	
exterior	
peor	
corto/a	
lleno/a	

17 Completa las frases con los verbos que faltan.

amortizas	invertir	rentabilizar	ahorran	comprar	alquilo

1. No es un negocio arriesgado; en poco tiempo podemos _____ la inversión.

2. _____ en este negocio es muy arriesgado porque no conocemos el mercado.

3. Los españoles prefieren _____ su vivienda porque los alquileres son muy caros.

4. Con este sistema de comunicación interna las empresas _____ tiempo y dinero.

5. Cuando viajo, siempre _____ un coche.

6. Es un negocio seguro porque _____ el capital en tres años.

18 En un periódico español han aparecido estos tres anuncios. Imagina que tienes un capital de 150.000 euros que quieres invertir para abrir un negocio en España. Elige uno de los tres y explica tu elección (intereses personales, inversión, amortización, rentabilidad, etc.).

Para mí el mejor negocio es ... porque...

Intermarché

Es el momento de actuar...
"Si usted tiene entre 25 y 50 años, con sólo 90.0000 euros invertidos en su propia empresa y con el apoyo de Intermarché, podrá crear su propio supermercado ".

Intermarché es un Supermercado alimentario con plena orientación al trato humano de sus clientes. **Intermarché** demuestra cada día su dinamismo a través de Europa. Francia, Bélgica, Portugal, Italia, Polonia y, naturalmente, España, aprecian ya su política de precios bajos asequibles al mayor número de personas, así como su especialidad: los productos frescos.

*3.356 puntos de venta en Europa, 2500 empresarios y un volumen de negocios que mueve millones de euros.

INTERMARCHÉ

LIZARRAN

Tabernas selectas al estilo del País Vasco

DESAYUNOS	**CAZUELITAS**
TAPAS	**VINOS**

El éxito de los establecimientos se basa en una amplia oferta de tapas, más de trescientas, que el propio cliente puede servirse directamente en la barra.

Inversión inicial:
109.000 euros
Amortización:
2 años y medio
Rentabilidad:
20%

10 años de experiencia

Únase a la franquicia rentable
Únase a CASHJOYA

Concepto único en España. Compra-venta y cambio de artículos de joyería y relojería. En las tiendas CASHJOYA se adquieren diamantes directamente de la Bolsa de Diamantes. Los artículos CASHJOYA se venden al 50% de su precio en el mercado.

La franquicia con resultados desde el primer mes

Inversión aproximada 133.000 €

Tel.: 900 100 295

COMPRUEBA TUS CONOCIMIENTOS

1 Elige la opción más adecuada.

1. Señor Laguna, _____ al señor Andersen.
   - ☐ a. presento
   - ☐ b. le presento
   - ☐ c. te presento
   - ☐ d. les presento

2. ✧ Interdata, buenas tardes. ¿Dígame?
   ★ _____
   - ☐ a. Hasta luego.
   - ☐ b. Hola, buenas tardes.
   - ☐ c. Adiós, buenas noches.
   - ☐ d. ¡Hasta mañana!

3. ✧ ¿Está la Sra. Corral?
   ★ _____
   - ☐ a. Lo siento, un momento.
   - ☐ b. Sí, un momento, por favor.
   - ☐ c. No está en una reunión.
   - ☐ d. Sí, por favor.

4. ¿Quién _____ el Departamento de Contabilidad?
   - ☐ a. hace
   - ☐ b. lleva
   - ☐ c. está
   - ☐ d. es

5. ¿Quién _____ Concha Sevilla?
   - ☐ a. es
   - ☐ b. está
   - ☐ c. hace
   - ☐ d. lleva

6. ✧ ¿Dónde _____ la fotocopiadora?
   ★ _____ los archivadores.
   - ☐ a. es/Al lado
   - ☐ b. está/Lado de
   - ☐ c. está/Al lado de
   - ☐ d. está/Cerca

7. ✧ ¿El horario de los bancos en verano?
   ★ _____ ocho _____ tres, creo.
   - ☐ a. A las / a las
   - ☐ b. Las/las
   - ☐ c. De/las
   - ☐ d. De/a

8. ¿ _____ las farmacias?
   - ☐ a. Cuál es el horario de
   - ☐ b. Qué es el horario de
   - ☐ c. A qué hora tienen
   - ☐ d. Qué horas tienen

9. ¿Sabes dónde _____ restaurante por aquí?
   - ☐ a. hay
   - ☐ b. está un
   - ☐ c. hay un
   - ☐ d. hay el

10. ✧ _____ enviar un paquete.
    ★ Sí, un momento por favor.
    - ☐ a. Puedo
    - ☐ b. Quería
    - ☐ c. Tengo
    - ☐ d. Sabes

11. Luis y yo _____ a la presentación del nuevo sistema informático.
    - ☐ a. tenemos ir
    - ☐ b. tenemos que ir
    - ☐ c. tenéis que ir
    - ☐ d. tenemos

12. La casa _____ más grande que el piso; _____ muchos más metros cuadrados.
    - ☐ a. es/es
    - ☐ b. tiene/es
    - ☐ c. es/tiene
    - ☐ d. tiene/tiene

13. El sofá pequeño cuesta 120 euros y el grande cuesta 240 euros, el sofá grande cuesta _____ que el primero.
    - ☐ a. la mitad
    - ☐ b. lo mismo
    - ☐ c. el triple
    - ☐ d. el doble

14. Mi lámpara es _____ moderna _____ la tuya.
    - ☐ a. mejor/que
    - ☐ b. más/que
    - ☐ c. un poco/que
    - ☐ d. la más/que

15. ✧ ¿ _____ ?
    ★ Sí, toma.
    - ☐ a. Tienes un bolígrafo?
    - ☐ b. Necesito un bolígrafo
    - ☐ c. Escribes con bolígrafo
    - ☐ d. Tienen bolígrafo

16. El piso _____ en un barrio tranquilo.
    - ☐ a. es
    - ☐ b. tiene
    - ☐ c. está
    - ☐ d. va

17. Este piso está _____ centro.
    - ☐ a. más cerca
    - ☐ b. más cerca de
    - ☐ c. muy cerca del
    - ☐ d. muy cerca

18. El hotel _____ 120 habitaciones.
    - ☐ a. es
    - ☐ b. está
    - ☐ c. hace
    - ☐ d. tiene

19. Ana y María _____ todos los días al gimnasio.
    - ☐ a. hacen
    - ☐ b. van
    - ☐ c. son
    - ☐ d. están

20. ¿ _____ alquilar un coche pequeño?
    - ☐ a. Cuánto cuestan
    - ☐ b. Cuánto dinero
    - ☐ c. Cuánto precio
    - ☐ d. Cuánto cuesta

Resultado: _____ de 20

2 Pedro está de vacaciones en los apartamentos Sol y Mar de Palma de Mallorca.
Lee la postal que escribe a sus amigos y corrige los datos que no son correctos.

Apartamentos Sol y Mar (Palma de Mallorca)
Situación: en la zona residencial de la Bonanova y a 15 minutos del centro de Palma. Muy cerca de la playa.
Características: apartamentos de un dormitorio con salón comedor (máximo tres personas) que disponen de baño, teléfono, terraza, cocina, frigorífico y TV.
Instalaciones: dos piscinas (adultos y niños), zona infantil, gimnasio, sauna, parking y restaurante.
Descuentos: niños menores de tres años, 50% de descuento.

¡Hola! ¿Qué tal?
El tiempo es maravilloso y Palma es una
ciudad muy bonita. El apartamento es muy
agradable: está en el centro de Palma y al
lado de la playa. Estamos en un aparta-
mento muy grande que tiene de todo: tele-
visión, teléfono y ordenador con fax para
trabajar. Además, hay una piscina y un
gimnasio. También hay una discoteca muy
grande con un servicio excelente.

¡Hasta pronto!

Pedro

Resultado: _____ de 10

3 Escucha los diálogos y escribe dónde están los establecimientos y los objetos.

1. La oficina de Correos está _____

2. La farmacia está _____

3. La fotocopiadora está _____

4. Las tijeras están _____

5. El Hotel Gallery está _____

Resultado: _____ de 10

4 Imagina que quieres vender tu casa. Una agencia inmobiliaria
necesita saber cómo es. Descríbela.

Resultado: _____ de 10

Total: _____ de 50

Agenda de trabajo

Ejercicios

1 Aquí tienes los días de la semana. Escribe las letras que faltan. Después ordénalos; en España la semana empieza el lunes.

1. m _ r _ e _
2. j _ e _ e _
3. s _ b _ d _
4. l _ n _ s
5. d _ m _ n _ o
6. m _ é _ c _ l _ s
7. v _ e _ n _ s

2 Lee este artículo sobre los horarios en España aparecido en la revista "Tópicos". Después, completa el cuadro con los horarios.

Tópicos

Los días
son más largos
en España

Los bares son el mejor lugar para tomarse las primeras copas.

Cada vez hay más personas en Europa que se trasladan a España por motivos laborales. En general, la adaptación al clima y a las comidas no supone una gran dificultad.

Según un estudio reciente, la cuestión que más afecta a los nuevos residentes es la diferencia de horarios entre España y sus países. Comer a mediodía, por ejemplo, no significa comer a las doce sino a las dos. Eso quiere decir, en la mayoría de los casos, una hora o dos de descanso entre la mañana y la tarde. Los españoles, en general, salen del trabajo a las siete de la tarde y cenan a las nueve o a las diez de la noche. Por esa razón, muchos se acuestan tarde, entre las doce y la una, aunque tienen que levantarse entre las siete y las ocho de la mañana.

Cuando llega el fin de semana, casi todo el mundo sale a la calle, especialmente los jóvenes. Las cenas en los restaurantes empiezan a las diez de la noche y se alargan hasta las doce o la una; ése es el mejor momento para tomar las primeras copas en uno de los muchos bares que siempre hay cerca.

Hacia las dos de la madrugada, los que no quieren irse a dormir optan por acabar la noche en alguna discoteca, donde pueden bailar hasta que cierran las puertas (nunca antes de las cinco o las seis de la mañana).

A la mayoría de los residentes extranjeros les parece que en España todo se hace un poco tarde en comparación con sus países, pero aseguran que no es un problema demasiado grave.

En general, la gente...	en España	en mi país
come	*a las dos*	
cena		
sale de copas		
va a la discoteca		

3 ¿Qué sustantivos corresponden a estos verbos? Puedes usar el diccionario.

1. reunirse	*la reunión*
2. comer	_____
3. cenar	_____
4. visitar	_____
5. trabajar	_____
6. llegar	_____
7. durar	_____

8. salir	_____
9. organizar	_____
10. promocionar	_____
11. vender	_____
12. comprar	_____
13. entrevistar	_____
14. descontar	_____

4 En parejas. Tu compañero y tú trabajáis en una cadena de televisión.
Tenéis preparada la programación de casi todo el día, pero os faltan los
programas para la sobremesa y la tarde. Aquí tenéis una lista de posibilidades.
Decidid a qué hora se emiten. Tened en cuenta la duración de cada programa.

televisión

Redes (cultural): "El planeta digital" **55 minutos**

El tiempo **5 minutos**

Telediario (informativo) **30 minutos**

Cine de oro (película): "Memorias de África" **135 minutos**

Calle nueva (telenovela) **35 minutos**

Música sí (musical) **75 minutos**

Digan lo que digan (concurso) **40 minutos**

Los libros (literario) **30 minutos**

Lassie (serie infantil) **30 minutos**

Gente (magazine) **60 minutos**

Mundo animal (documental): "Los felinos" **45 minutos**

UNED (educativo) **30 minutos**

Mañana	6.50	El pequeño detective (serie)
	7.30	Telediario matinal (informativo)
	8.00	Barrio Sésamo (infantil)
	9.00	Los desayunos de TVE (magazine)
	10.00	Luz María (telenovela)
	11.00	Pasa la vida (programa de entrevistas)
Mediodía	12.15	Con mucha marcha (musical)
	13.30	Estudio estadio (deportivo)
	14.30	Cifras y letras (concurso)
Sobremesa	15.00	
Tarde	18.00	
Noche	21.00	Telediario (informativo)
	21.35	El tiempo
	21.40	Especial cine (película): "La niña de tus ojos"
	00.00	Metrópolis (cultural)
Madrugada	1.15	Telediario (informativo)
	1.45	Cine de madrugada (película): "Tesis"
	3.15	Sombras de Nueva York (serie)
	4.00	Al filo de lo imposible (documental)
	5.00	Fin de emisión

 ◇ A las tres podemos poner la serie
infantil pero sólo dura 30 minutos...

5 **A.** Mª Ángeles tiene que hacer unas gestiones en la ciudad y llama por teléfono a la Oficina de Atención al Ciudadano. Primero, marca en los recuadros de la izquierda los lugares por los que pregunta.

	DÍAS	HORARIO
❏ Cámara de Comercio		
❏ Oficina de Turismo		
❏ Zoo		
❏ Oficina de Prensa del Ayuntamiento		
❏ Polideportivo Municipal		
❏ Conservatorio Superior de Música		
❏ Cámara de la Propiedad Urbana		
❏ Colegio de Ingenieros		

B. Ahora, vuelve a escuchar y escribe qué días abren los establecimientos y cuál es su horario.

6 **A.** Completa con las preposiciones **a, de,** o **por.**

1.
✧ ¿Podemos vernos mañana _____ la mañana?
★ Mejor _____ mediodía.
✧ Podemos comer juntos.

2.
✧ Hoy _____las nueve voy al cine con Paco.
★ Yo voy hoy _____ la tarde.

3.
✧ ¿Qué haces mañana _____ la tarde?
★ Tengo una cita con el abogado.
✧ ¿A qué hora?
★ _____las seis.

4.
✧ ¿Hoy también sales _____ las siete del trabajo?
★ No, hoy no trabajo _____ la tarde. Tengo la tarde libre.
✧ ¡Qué suerte!

5.
✧ Mañana tengo que levantarme _____las seis _____la mañana.
★ Y yo _____las seis y media...

6.
✧ ¿Nos vemos _____ las nueve?
★ ¿ _____ las nueve _____la mañana?
✧ No, hombre no, _____ la noche.

B. Ahora completa el cuadro con las preposiciones anteriores.

	la tarde la mañana la noche	
	las 10 las 10 y media las 10 menos cuarto	la mañana la noche
	mediodía	

7 **A.** En parejas. Elegid a uno de estos personajes. Imaginad qué hace los domingos, desde que se levanta hasta que se acuesta, y escribidlo. Leed vuestras notas en voz alta. Vuestros compañeros tienen que intentar descubrir quién es.

José Gómez

Lee

Raúl Iglesias

Por la mañana
Por la tarde
Por la noche

Sra. Llanos

Marta

Antonio Gutiérrez

siempre
casi siempre
normalmente
a veces
nunca

B. Ahora coméntale a tu compañero qué haces tú los domingos.

8 A. Completa este cuadro con las formas que faltan.

	empezar	hacer	repetir	jugar	cerrar	acostarse
yo			*repito*			*me acuesto*
tú	*empiezas*			*juegas*		
él, ella, usted		*hace*			*cierra*	
nosotros/as				*jugamos*		*nos acostamos*
vosotros/as		*hacéis*			*cerráis*	
ellos/as, ustedes	*empiezan*		*repiten*			

B. ¿Qué tipo de irregularidad tienen los verbos del apartado A?

E / IE	U / UE	O / UE	E / I	1ª persona del singular
empezar				

C. Ahora pon estos infinitivos en la columna que les corresponda.

salir   dar   saber   decir   venir   querer

dormir   pedir   sentir   poder   poner   volver

9 Escucha los verbos y marca a qué persona corresponden.

	1	2	3	4	5	6	7	8	9	10
yo										
tú										
él, ella, usted										
nosotros/as										
vosotros/as										
ellos/as, ustedes										

10 **A.** ¿Con cuáles de estas afirmaciones te identificas tú?

Quiero aprender español en poco tiempo.

Siempre llego tarde al trabajo.

Hago poco ejercicio.

A veces me llevo el trabajo a casa.

Normalmente duermo pocas horas.

Nunca me acuerdo de los nombres de las personas que me presentan.

Veo mucho la televisión.

Cuando hablo en público me pongo muy nervioso/a.

B. Cuéntaselo a tu compañero. Él te puede dar consejos.

◇ Quiero aprender español en poco tiempo.
★ Tienes que estudiar más en casa, leer periódicos en español...

11 **A.** Pregunta a tres compañeros a qué hora realizan las actividades del cuadro entre semana y los fines de semana.

NOMBRES	Levantarse		Comer		Cenar		Acostarse	
	entre semana	los fines de semana	entre semana	los fines de semana	entre semana	los fines de semana	entre semana	los fines de semana

◇ ¿A qué hora te levantas entre semana?
★ A las ocho menos cuarto.
◇ ¿Y los fines de semana?

B. Comenta con la clase con quién coincides más.

12 **A.** Ordena los diálogos.

①
- ¿De parte de quién?
- Buenos días, ¿dígame?
- Un momentito...
- Buenos días. Por favor, ¿el señor Olmos?
- De María de la Torre.

③
- Hola, ¿está Carmen?
- ¿Sí?
- Sí, soy yo.
- Hola, soy Jaime. ¿Qué tal?

②
- Sí, por favor. Dígale que ha llamado
  Joaquín Pérez del Hotel Habana.
- Buenas tardes. ¿Pueblo hablar con Marta Robles?
- Editorial Cosmos, ¿dígame?
- Pues mire, en este momento está reunida.
  ¿Quiere dejarle algún recado?
- Muy bien, se lo diré.

④
- Hola, ¿está Agustín?
- ¿Diga?
- No, en este momento no está. ¿Quieres
  dejarle algún recado?
- Sí, dile que ha llamado Adelaida.
- Gracias.
- Muy bien, se lo digo.

B. Ahora escucha y comprueba.

13 Trabajas en la recepción de una empresa. Recibes varias llamadas de
personas que preguntan por tu jefe, el señor Ojeda. Tu jefe te ha dicho que
hoy no quiere que le molesten. ¿Qué posibles excusas puedes dar a la gente
que llama? Escríbelas.

1. _____

2. _____

3. _____

4. _____

14 Completa el diálogo con las palabras que faltan.

◇ Seguros Bertrán. ¿ _____ ?

★ ¿La señora Gómez, _____ ?

◇ Un momento. ¿De _____ de quién?

★ De Pablo Arias.

◇ Ahora mismo le pongo con ella, señor Arias.

★ _____ .

○ Hola Pablo. ¿Qué tal? ¿Cómo estás?

★ Bien, bien. ¿Y tú?

○ Bien también.

★ Oye, mira, que te llamo porque _____ hablar contigo de lo de mi seguro.

○ Ah sí, claro. ¿Quieres pasarte por aquí?

★ Bueno. ¿Qué tal _____ por la tarde?

○ ¿A las cinco?

★ ¿No podemos quedar a las seis? A las cinco no puedo.

○ De acuerdo. Entonces _____ a las seis aquí, en mi despacho.

★ Perfecto. Hasta mañana entonces.

○ _____ . Hasta mañana.

> mañana
>
> Dígame
>
> Gracias
>
> quería
>
> por favor
>
> quedamos
>
> Adiós
>
> parte

15 Escucha y responde.

1. _____

2. _____

3. _____

4. _____

5. _____

6. _____

7. _____

8. _____

16 **A.** Relaciona las acciones con los dibujos.

- ☐ ducharse
- ☐ lavarse los dientes
- ☐ desayunar
- ☐ vestirse
- ☐ peinarse
- ☐ ir al lavabo
- ☐ planchar la ropa
- ☐ hacer la cama
- ☐ afeitarse
- ☐ maquillarse
- ☐ leer el periódico
- ☐ secarse el pelo

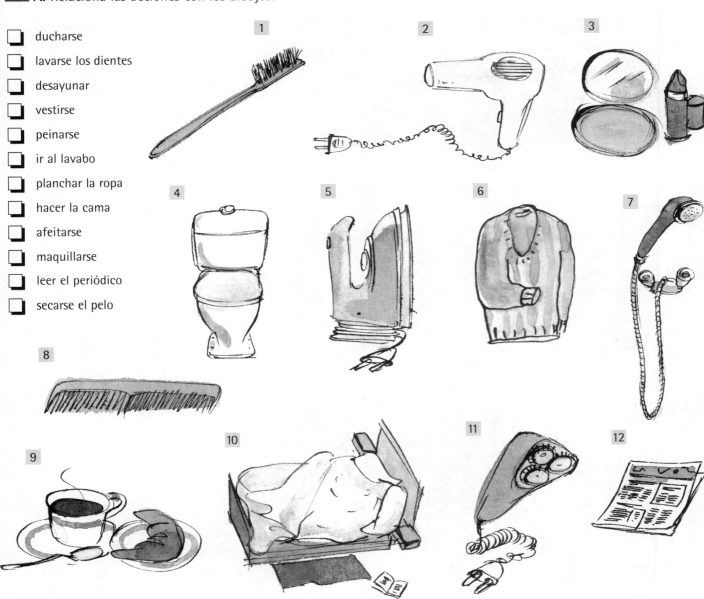

B. Marca con una cruz lo que haces tú por la mañana, antes de salir de casa.

C. Ahora escribe en qué orden haces éstas y otras actividades antes de salir de casa por la mañana.

Primero, después, luego, más tarde...

Yo, primero desayuno, después me ducho...

17 **A.** Lee estas palabras en voz alta.

Quito	pipa	Kiko	copa	Pepa	tapa
poca	taco	ocupa	gato	pato	toca

B. Ahora escucha y repite. Fíjate en que las vocales españolas no se alargan como en otras lenguas y tienen un único sonido.

18 Vas a escuchar los mensajes de tres contestadores. ¿De quién crees que son? Escribe el número que corresponda.

☐ de una familia   ☐ de una empresa   ☐ de un estudiante

19 Trabajas en una pequeña empresa. El mensaje de vuestro contestador automático se ha borrado. Antes de grabar un nuevo mensaje, prepara el texto por escrito.

20 **A.** Haz una lista con todo lo que tienes que hacer esta semana. Después, organiza tu agenda.

B. Esta semana también tienes que hacer estas cosas con tu compañero. Ponte de acuerdo con él para hacerlas juntos.

visitar a vuestro distribuidor	hablar con el jefe
ver un local que queréis alquilar	preparar el informe mensual
cenar con el señor Montoro, un cliente	reuniros con el departamento

◇ Tenemos que visitar a nuestro distribuidor. Yo puedo el martes
  por la mañana. ¿Tú cuándo puedes?
★ Por la mañana no puedo. ¿Qué tal por la tarde?
◇ Muy bien. Entonces quedamos el martes por la tarde. ¿A qué hora?

Citas y reuniones

Ejercicios

1 Completa los diálogos. Utiliza las palabras del recuadro.

gracias	Por qué	puedo	acuerdo	es que	si
Tomamos	perfecto	apetece	le	Lo siento	

1. ✧ ¿Te [____] tomar algo?
   ★ De [____].

2. ✧ ¿[____] no vamos al cine mañana?
   ★ Lo siento, [____] mañana no puedo.

3. ✧ ¿Y [____] cenamos en mi casa?
   ★ Vale, [____].

4. ✧ ¿Sra. Prieto [____] apetece un poco de agua?
   ★ No, [____].

5. ✧ ¿Comemos juntos y hablamos?
   ★ [____], es que tengo mucho trabajo.

6. ✧ ¿[____] un café?
   ★ Ahora no [____].

2 ¿Qué dices en estas situaciones?

1. El Sr. Moragas, un cliente, llega a tu oficina. Ofrécele algo para beber.

2. Es la hora de comer. Quieres comer con Marta, una compañera de trabajo.

3. Tus compañeros quieren ir a cenar a un restaurante, pero no saben a cuál. A ti te gusta mucho "Casa Pedro". Propónselo.

4. Quieres invitar a tus compañeros de trabajo para celebrar tu cumpleaños.

5. Es viernes por la tarde. Estás en la oficina con dos compañeros. Proponles ir al cine contigo.

3 **A.** ¿Te gusta la comida mexicana? ¿Crees que las siguientes afirmaciones son verdaderas? Si no lo sabes, intenta adivinarlo.

	Verdadero	Falso
1. En México hay más de 60 variedades de chile.		
2. La tortilla española es de origen azteca.		
3. En México es típico comer pollo acompañado de una salsa que lleva chocolate.		
4. El guacamole es un puré de maíz.		
5. En México existe un plato que lleva saltamontes.		
6. Casi todos los platos llevan frijoles.		

B. Ahora lee el texto y comprueba tus respuestas.

Gastronomía
MEXICANA

MÉXICO

La comida mexicana es conocida en todo el mundo por su gran riqueza. Su enorme variedad de platos se debe a las numerosas especias del país. Hay 60 clases distintas de chiles, desde los más dulces hasta los más picantes.

El maíz es el ingrediente básico. Se come frecuentemente en forma de "tortilla", creación azteca que nada tiene que ver con la tortilla española. Se trata de una masa delgada y flexible, hecha de harina de maíz que sirve de base para muchos ingredientes. En general se toma con carne, queso y frijoles (que están presentes en casi todas las comidas); es lo que se conoce como "burrito". Si la masa es crujiente se llama "taco". Las "enchiladas" son tortillas mojadas en salsa, rellenas y luego fritas; las "tostadas", tortillas con vegetales, carne y queso y los "tamales" son tortillas que se envuelven con la propia hoja del maíz y que pueden tener distintos rellenos.

En México se preparan muchos platos con carne, especialmente de cerdo. Al cordero envuelto en hojas de maguey (un planta autóctona) y enterrado bajo el fuego lo llaman "barbacoa". El pollo se prepara de muchas maneras, pero una de las más famosas es el pollo con "mole", una salsa que lleva más de 30 ingredientes, entre ellos, pimiento y chocolate; en el país hay más de 20 variedades de mole.

En México, los amantes de la cocina exótica pueden saborear platos tan especiales como los "chalupines" (saltamontes o grillos) que se comen en tortillas con "guacamole" (puré de aguacates y cebolla).

La cocina mexicana, milenaria, variada y con carácter propio, es una buena razón para visitar este gran país. ¡Buen provecho!

4 **A.** En la sección de gastronomía de una guía turística de Ciudad de México aparecen estos restaurantes. Marca el recuadro con **X** si encuentras la información y con **?** si no la encuentras.

	COMIDA	DECORACIÓN		PRECIO		MÚSICA
	Comida corrida (Buffet libre)	Moderna	Clásica	- de 6.000 pesos	+ de 6.000 pesos	Música en directo
Restaurante Danubio	X		X		X	?
Villa Fontana						
Casa Zavala						
Jampel						
Fonda Santa Anita						
Restaurante Jena						

Restaurante Danubio, Uruguay, 3 (tel. 512 09 12). Una antigua marisquería muy refinada que conserva el ambiente de otros tiempos. El apetitoso pescado está expuesto en la entrada. Es especialmente interesante la comida corrida. Precio aproximado 7.000 pesos (13-23h).

Villa Fontana, "La casa de la Malinche", República de Cuba, 79 (tel. 521 2934). Antigua residencia de La Malinche, intérprete y amante de Hernán Cortés. La cocina mexicana "a la antigua" en un marco elegante y tradicional. Un lujo colonial. Plato principal: 6.000 - 8.000 pesos. Música en directo (lun-sáb 11-20h, dom. 10-18h).

Casa Zavala, Uruguay, 44 B (tel. 510 43 96). Limpio, claro y moderno. Predomina el marisco; precios normales. Una comida apetitosa y abundante: 5.000 pesos (7.30-21h).

Jampel, Bolívar, 8 (tel. 521 75 71). Muy limpio; decoración moderna. Frecuentado por ejecutivos y funcionarios. Buffet libre. Comida sabrosa y abundante. A veces resulta difícil mantener una conversación cuando se acercan los mariachis a la mesa. Precios a partir de 7.000 pesos (lun-sab. 7.30-23h, dom. 13-18h).

Fonda Santa Anita, Humboldt, 48 (tel. 518 46 09). Un restaurante pintoresco y muy atractivo especializado en cocina mexicana. Los cubiertos de mesa hechos a mano, los clásicos cuadros de frutas y puestos de mercado son los elementos que definen el ambiente de este conocido restaurante. Variada y apetitosa comida corrida (7.000 pesos). Los platos de este establecimiento han representado a México en numerosas ferias (11-22h).

Restaurante Jena, Jesús Terán, 12 (tel. 566 02 77). Forma parte de un elegante hotel. Paredes con paneles de madera, persianas de color escarlata, bar (sangría 3.000 pesos). Moderno e impecable. Pasta y comida mexicana al razonable precio de 6.000 - 7.000 pesos. (7-24h).

B. ¿Cuál elegirías tú? ¿Por qué?

5 La primera cita con un cliente es decisiva. ¿Cuáles son para ti los tres aspectos más importantes? Coméntalo con tu compañero.

◇ Para mí, las tres cosas más importantes son...

Ir bien vestido.	**1.**
Tener la reunión bien preparada.	
Ser muy simpático.	
Mirar directamente a los ojos.	**2.**
Estar tranquilo.	
Elegir un lugar agradable para el encuentro.	**3.**
Ser puntual.	

6 Después de hacer el ejercicio 4 de la página 92 del *Libro del alumno*, completa el siguiente texto sobre cómo te gusta trabajar.

11:51   93 4 1553 32   PAG:01

Me gusta trabajar en _____

y prefiero hacerlo _____. En cuanto al

ritmo de trabajo, me gusta más _____.

Las reuniones, me gusta tenerlas a _____

_____. Cuando estoy trabajando en un

proyecto, prefiero _____.

Y finalmente, si tengo que dedicarle más tiempo de lo

previsto, _____.

7 En tus clases de español seguro que hay algunas actividades que te gustan y otras que no. Escribe frases usando elementos de las cajas como en el ejemplo.

Me gusta mucho usar el diccionario.

(no)	me	gusta gustan encanta encantan	Ø muchísimo mucho bastante nada	. . .

8 ¿Compartes los gustos de esta persona?

1. Me gusta trabajar sola.

_____

2. No me gustan las reuniones de trabajo.

_____

3. Me encanta hablar por teléfono.

_____

4. Me gusta levantarme temprano.

_____

5. No me gusta el café.

_____

6. Me gusta navegar por Internet.

_____

7. No me gusta escribir cartas.

_____

8. Me gusta mucho viajar.

_____

A mí sí
A mí no
A mí también
A mí tampoco

9 **A.** Estas personas quieren relacionarse con gente de otros países. ¿En qué coincides con ellos? Subráyalo.

Ref. 324. Me llamo Pablo y tengo 28 años. Vivo en Córdoba (Argentina). Soy director de marketing en una empresa alemana. Hablo inglés y alemán. Me gustan mucho los coches y el deporte. Me encanta cocinar, mi especialidad es la cocina asiática. Si tus gustos son parecidos a los míos, escríbeme.

Ref. 498. Me llamo Daniel y soy cubano. Tengo 22 años. Vivo en La Habana y estudio Medicina. Por el momento sólo hablo español pero estoy estudiando inglés. Me gustaría ser amigo de gente de todo el mundo. Dicen que soy muy divertido. Me gusta mucho el cine, la música y la naturaleza. Me encanta hablar y reír. Si quieres conocerme, escríbeme.

Ref. 278. ¡Hola! Me llamo Laura y vivo en Ibiza. Trabajo como monitora en un gimnasio. Me gusta mucho bailar, me encanta la música (colecciono discos de vinilo de los años sesenta). También me gusta mucho pasear por la playa y tomar el sol. Tengo 25 años, pero quiero conocer gente de todas las edades.

B. ¿A cuál de los tres elegirías como posible amigo? ¿Por qué? Coméntalo con tu compañero.

 ✧ Yo elegiría a... porque...

C. Ahora escribe tu propio anuncio.

10 Relaciona las dos columnas.

1. A mis compañeros de trabajo   no te gusta nada levantarte temprano, ¿no?

2. A ti   nos encanta el marisco.

3. A vosotros   les gusta celebrar los cumpleaños.

4. A Pedro y a mí   le gustan las antigüedades.

5. A mí   os gustan mucho los deportes, ¿verdad?

6. A mi cliente   no me gusta la ópera.

11 Describe los gustos de Ramón.

A Ramón le gusta...
Probablemente no le gusta...

12 Juan y Merche quieren salir a cenar. Escucha la conversación. ¿A quién corresponden las frases?

	Juan	Merche
le gusta el pescado		
es alérgico/a al pescado		
prefiere un restaurante sencillo		
no le gustan demasiado los restaurantes vegetarianos		
prefiere un restaurante exótico		
no le gusta mucho la carne		

13 Las palabras de la columna de la izquierda aparecen en el texto de la página 94 del *Libro del alumno*. Localízalas y decide cuáles son sus equivalentes.

1. afueras	aseguran
2. amplios	abierto
3. dispone de	tiene
4. numerosas	cerca de
5. puesto en marcha	muchas
6. garantizan	acondicionado
7. rehabilitado	alrededores
8. próximo a	grandes

14 Luisa envía un correo electrónico a Silvia, una compañera de trabajo. Al texto le faltan los pronombres **le** o **les**. Complétalo.

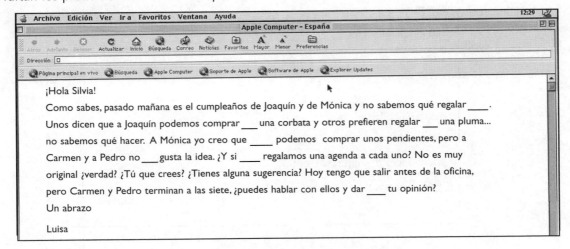

Archivo   Edición   Ver   Ir a   Favoritos   Ventana   Ayuda   12:29

Apple Computer - España

Atrás Adelante Detener Actualizar Inicio Búsqueda Correo Noticias Favoritos Mayor Menor Preferencias

Dirección:

Página principal en vivo   Búsqueda   Apple Computer   Soporte de Apple   Software de Apple   Explorer Updates

¡Hola Silvia!

Como sabes, pasado mañana es el cumpleaños de Joaquín y de Mónica y no sabemos qué regalar ____ .

Unos dicen que a Joaquín podemos comprar ____ una corbata y otros prefieren regalar ____ una pluma...

no sabemos qué hacer. A Mónica yo creo que ____ podemos comprar unos pendientes, pero a

Carmen y a Pedro no ____ gusta la idea. ¿Y si ____ regalamos una agenda a cada uno? No es muy

original ¿verdad? ¿Tú que crees? ¿Tienes alguna sugerencia? Hoy tengo que salir antes de la oficina,

pero Carmen y Pedro terminan a las siete, ¿puedes hablar con ellos y dar ____ tu opinión?

Un abrazo

Luisa

15 **A.** Forma frases uniendo elementos de las dos columnas.

1. A mí	nunca te escriben.
2. A ti	les compramos un regalo.
3. A usted	siempre me dan los trabajos más difíciles.
4. A Ana y a mí	le tenemos que enviar un catálogo.
5. A vosotros	no nos sirven la comida.
6. A Nuria y a David	siempre os ofrecen un descuento.

B. Completa el cuadro con los pronombres de Objeto Indirecto.

a mí	a ti	a él a ella a usted	a nosotros a nosotras	a vosotros a vosotras	a ellos a ellas a ustedes

16 Fíjate en las fichas de Russel y Judith de la página 96 del *Libro del alumno.* Completa ahora la ficha con tus datos.

INFORMACIÓN PARA LA FAMILIA HOSPEDANTE

DATOS PERSONALES:

Apellido(s):

Nombre:

Nacionalidad:

Edad:

Lenguas que habla:

ALIMENTACIÓN:

¿Sigue algún régimen o dieta?

¿Tiene alergia a algún alimento?

¿Hay alguna comida que no le gusta?

Otros:

---

17 **A.** Relaciona las descripciones de estos platos que se comen en España con las fotos.

1. _____

2. _____

3. _____

4. _____

Flan: lleva huevo, caramelo, leche y azúcar. Es un postre muy típico. A veces se come con nata.
Paella: lleva arroz, pescado, marisco, pimiento, guisantes, cebolla, aceite y sal. Normalmente se come de primer plato.
Tortilla: lleva huevos, aceite, cebolla y patatas. Se puede comer a todas horas, fría o caliente.
Gazpacho: lleva tomate, pepino, cebolla, pan, aceite, vinagre y sal. Es una sopa fría que se toma en verano.

B. Piensa en cuáles son los platos más típicos de tu país y explica qué ingredientes llevan.

18 Lee este menú. ¿Qué elegirías tú?

RESTAURANTE
"LAS PALOMAS"

Menú del día

Primer plato:

Ensalada variada
Paella
Lasaña de espinacas
Gazpacho
Sopa de pescado

Segundo plato:

Calamares a la romana
Merluza al horno
Chuletas de cordero
Pollo al ajillo
Sardinas a la brasa

Postre:

Melón
Pastel de manzana
Flan
Helado
Yogur

Pan, vino, cerveza o agua

De primero, _____

De segundo, _____

Para beber, _____

De postre, _____

19 Escucha y marca las palabras que oyes.

☐ peso	☐ piso
☐ fino	☐ pino
☐ pila	☐ fila
☐ perro	☐ pelo
☐ modo	☐ moto

☐ poca	☐ boca
☐ harto	☐ alto
☐ mesa	☐ misa
☐ boda	☐ bota
☐ bala	☐ pala

20 Reacciona.

1.	_____	5.	_____
2.	_____	6.	_____
3.	_____	7.	_____
4.	_____	8.	_____

21 Imagina que tienes que viajar a un país de habla hispana. ¿Qué cosas de beber y de comer crees que necesitas saber decir en español? Busca las palabras en el diccionario o pregunta a tu profesor. Después escríbelas.

Bebidas	Verdura	Fruta	Carne	Pescado

22 **A.** Tú y tus compañeros sois los responsables de organizar una cena para celebrar la adjudicación de un gran proyecto. Tenéis el restaurante reservado pero además queréis preparar algo especial para esa noche. Puede ser una sorpresa para todos los asistentes. Haz una lista con tus propuestas.

B. En grupos de tres elegid la mejor propuesta.

◇ Podemos contratar una orquesta.
★ ¿Una orquesta? ¿Y si contratamos a un mago?

Productos y proyectos

Ejercicios

1 **A.** A estas imágenes publicitarias les falta el texto. ¿Qué frase les corresponde?

1. Disfruta de los tragos amargos.

2. Visita nuestra isla, es un paraíso.

3. Regale el objeto con el que escribe el alma.

4. Aprenda con sus hijos con el nuevo sistema interactivo.

5. Compra un Scenic, luego decide qué coche quieres.

☐   ☐

☐   ☐   ☐

B. Subraya los verbos de las frases anteriores y colócalos en el cuadro. Después, completa el cuadro con los verbos que faltan.

	IMPERATIVO	
	tú	usted
disfrutar	*disfruta*	
visitar		
regalar		
aprender		
comprar		
decidir		

C. Escribe un texto publicitario o un eslogan para estas tres imágenes. Puedes utilizar los verbos anteriores.

2 Escucha cómo se pronuncian estas palabras en español. ¿Se pronuncian igual en tu lengua?

paté	catering	dossier	holding	stand
chárter	flash	jersey	master	boutique
bit	chef	barman	frac	marketing
chic	leasing	kilo	windsurf	jazz
bungalow	cómic	hobby	jet-set	parking

3 **A.** Escribe el infinitivo correspondiente al lado de los gerundios.

diseñando	_diseñar_		preparando	_____
produciendo	_____		invirtiendo	_____
haciendo	_____		durmiendo	_____
viviendo	_____		oyendo	_____
diciendo	_____		produciendo	_____
viendo	_____		leyendo	_____
vendiendo	_____		trabajando	_____

B. Ahora pon los gerundios anteriores en la columna correspondiente. Hay cinco irregulares. ¿Sabes ahora cómo se forma el gerundio?

–AR	–ER	–IR	IRREGULARES
diseñando			

4 ¿Qué están haciendo estas personas? Escríbelo.

1. *Está buscando trabajo*

2. _____

3. _____

4. _____

5. _____

6. _____

5 Observa el dibujo. Elige uno de los personajes. Tu compañero tiene que hacerte preguntas para descubrir quién es.

 ◇ **¿Está abriendo la puerta?**
★ **No.**
◇ **¿Está ...?**

6 **A.** Completa las listas.

Estaciones del año	Meses del año		Días de la semana
primavera	*enero*		*lunes*

B. Responde a las preguntas.

1. ¿Cuál es el día de la semana que más te gusta? _____ ¿Y el que menos? _____

2. ¿Cuál es el peor mes del año para tu trabajo o para tus estudios? _____ ¿Y el mejor? _____

3. ¿Cuál es tu estación del año preferida? _____ ¿Por qué? _____

7 Ordena cronológicamente estos marcadores temporales.

pasado mañana   esta noche   en el 2012   el próximo año   el mes que viene

mañana   dentro de tres días   la semana que viene   en verano   en diciembre

hoy

8 **A.** ¿Qué crees que vas a hacer? Escribe frases.

Mañana _____

Después de clase _____

El día de tu cumpleaños _____

En Nochevieja _____

Este fin de semana _____

Esta noche _____

En verano _____

B. Ahora pregunta a tu compañero qué va a hacer él.

◇ ¿Qué vas a hacer mañana?
★ Voy a ir al cine con unos amigos.

9 **A.** ¿Qué objetos o lugares te sugieren estos colores? Escribe una palabra al lado de cada uno.

1. azul	
2. rojo	
3. blanco	
4. amarillo	

5. negro	
6. verde	
7. gris	
8. marrón	

B. ¿Cuál es tu color favorito? Escribe palabras que te sugieran ese color.

Color:

C. Lee tu lista a tu compañero. Tiene que descubrir cuál es tu color favorito.

◇ El mar, el cielo, el agua...
★ ¿Tu color favorito es el azul?
◇ Sí.

10 **A.** ¿Dónde puedes comprar estos objetos, en una ferretería o en una droguería?

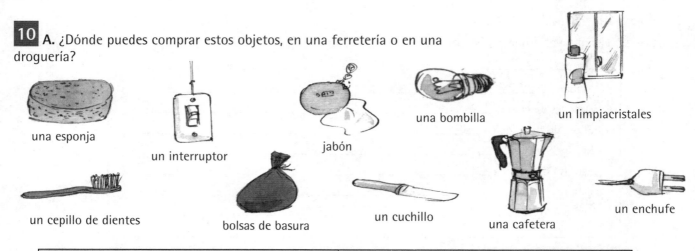

una esponja

un interruptor

jabón

una bombilla

un limpiacristales

un cepillo de dientes

bolsas de basura

un cuchillo

una cafetera

un enchufe

En una ferretería	En una droguería

B. Elige cuatro y explica para qué sirven.

11 Escribe en la caja correspondiente objetos de cristal, de madera, de metal y de plástico. Puedes usar el diccionario.

Es de cristal	Es de madera	Es de metal	Es de plástico
un vaso			

12 **A.** ¿Podrías trabajar sin correo electrónico? ¿Y sin ordenador? Haz una lista con los avances tecnológicos más importantes del siglo XX.

B. ¿Cuál crees que va a ser el próximo gran invento? Imagínatelo y descríbeselo a tus compañeros.

 ◇ El **próximo gran invento va a ser...**

13 Completa las frases con tus opiniones.

1. Para mí, vivir en la ciudad es _____ vivir en el campo.

2. En septiembre trabajo o estudio _____ horas _____ en octubre.

3. Jugar al tenis es _____ divertido _____ nadar.

4. Para mí, es _____ comer fuera de casa _____ en casa.

5. En invierno como _____ dulces _____ en verano.

6. Creo que leer el periódico es _____ interesante _____ ver la televisión.

7. Los domingos duermo_____ horas _____ los lunes.

8. Este año estoy estudiando _____ el año pasado.

mejor
peor   que
igual

el mismo
la misma
los mismos   que
las mismas

más
menos   que

tan... como

14 Escribe 8 frases comparando estos tres modelos de coche.

MITSUBISHI SPACE WAGON 2000

Precio: 19.340 euros
Potencia: 133 cv
Largo: 451 cm
Ancho: 169 cm
Alto: 158 cm
Consumo medio: de 7,1 a 10,7 litros
Velocidad máxima: 185 km/h
Plazas: 7

RENAULT LAGUNA 2 RXE

Precio: 19.200 euros
Potencia: 115 cv
Largo: 451 cm
Ancho: 175 cm
Alto: 143 cm
Consumo medio: de 6,9 a 12,4 litros
Velocidad máxima: 200 km/h
Plazas: 5

SEAT TOLEDO 1.6

Precio: 13.450 euros
Potencia: 100 cv
Largo: 432 cm
Ancho: 166 cm
Alto: 142 cm
Consumo medio: de 6,1 a 10, 8 litros
Velocidad máxima: 185 km/h
Plazas: 5

---

1. *El Seat Toledo consume menos que el Renault Laguna.* _____

2. _____

3. _____

4. _____

5. _____

6. _____

7. _____

8. _____

15 **A.** Lee estas frases y después completa el texto.

> **1.** En verano no viajo **tanto como** en invierno.
> **2.** El otoño es **tan** agradable **como** la primavera.
> **3.** Ahora no tenemos **tantos** clientes **como** antes.
> **4.** Nuestra empresa tiene **tantas** sucursales en Europa **como** en América.
> **5.** Mi coche consume **tanta** gasolina **como** el tuyo.
> **6.** Este año vamos a invertir **tanto** dinero **como** el año pasado.

> En las comparaciones de igualdad podemos utilizar diferentes estructuras:
>
> _____*tan*_____ + adjetivo + **como**
>
> _____ + **como**
>
> _____ / _____ / _____ / _____ + sustantivo + **como**

B. Ahora escribe tres frases sobre ti utilizando las estructuras anteriores.

1.	
2.	
3.	

16 Acaba las frases. Si lo necesitas, puedes utilizar el diccionario.

1. Para mí, lo más necesario en una casa...
2. Para mí, lo más interesante en una ciudad...
3. Para mí, lo más difícil en un trabajo...
4. Para mí, lo más divertido en unas vacaciones...
5. Para mí, lo más aburrido en una clase...
6. Para mí, lo más necesario en una empresa...
7. Para mí, lo más interesante en una persona...
8. Para mí, lo más importante en una fiesta...

17 Carolina está buscando a Elena. Pregunta por ella a diferentes personas en la empresa. ¿Qué responden? Marca las respuestas con una cruz.

1. Juanjo le dice:

- [ ] Seguro que está ayudando a la recepcionista con el nuevo programa de cálculo.
- [ ] Seguro que está discutiendo con la recepcionista.
- [ ] Seguro que está con la recepcionista organizando la próxima feria de Valencia.

2. La recepcionista le dice:

- [ ] A lo mejor está en la sala de juntas hablando con la señora Fernández.
- [ ] A lo mejor está en el hospital visitando a la señora Fernández.
- [ ] A lo mejor está tomando un café en el bar con la señora Fernández.

3. La señora Fernández le dice:

- [ ] Me imagino que está en la recepción despidiendo al señor Ruiz.
- [ ] Me imagino que está comiendo con el señor Ruiz.
- [ ] Me imagino que está presentándole el proyecto al señor Ruiz.

18 ¿Qué están haciendo estas personas? ¿Qué crees que van a hacer? Haz hipótesis utilizando **seguro que**, **me imagino que** o **a lo mejor**.

1. *Están cenando. Me imagino que van a pedir más vino.*

2.

3.

4.

5.

6.

19 **A.** Lee esta noticia de la revista "Novedades empresariales" en la que la empresa
Golosinas presenta el nuevo producto **Chicletón**. Esta palabra solo aparece una vez
al principio del texto; después la sustituye el pronombre **lo**. Subráyalo.

■ Novedades empresariales

El chicle del futuro

El Departamento de Investigación y Desarrollo de la conocida empresa "Golosinas" está preparando un nuevo producto en su Departamento de Investigación y Desarrollo. Se trata de un chicle que puede sustituir las comidas. Se llama **Chicletón** y está diseñado especialmente para aquellos que, a causa del trabajo, no tienen tiempo

Ana Sancho, directora de Marketing de "Golosinas"

para comer. En este momento en "Golosinas" están realizando un estudio para decidir dónde van a distribuirlo y están probándolo entre un público adulto con edades que oscilan entre los 20 y los 30 años. Según Ana Sancho, directora de Marketing de la empresa, lo van a promocionar el próximo verano con el eslogan "Disfrútalo. ¿Por qué no lo pruebas?". La responsable de la comercialización del producto asegura que hay mucha gente que lo está esperando y que hay muchas empresas que lo quieren copiar: por esa razón la fórmula es absolutamente secreta.

B. Ahora completa esta regla sobre la colocación de los Pronombres de Objeto
Directo: **lo, la, los, las.**

Los Pronombres de Objeto Directo **lo, la, los, las**, pueden ir detrás del Infinitivo, del _____ y del Imperativo; por ejemplo, **pruébalo**. Con un verbo en Presente (u otros tiempos) estos pronombres van delante. Por ejemplo: **¿por qué no lo compras?** Cuando tenemos una perífrasis como **ir a** + Infinitivo, _____ + Gerundio, _____ + Infinitivo, **poder** + Infinitivo o **tener que** + Infinitivo, el pronombre puede ir delante del verbo conjugado o después del Infinitivo o Gerundio; por ejemplo: **tengo que venderlo** o **lo tengo que vender**.

20 Completa estas frases con los pronombres **lo, la, los** o **las**.

1. Están preparando una nueva bebida con gas y van a distribuir_____ por Europa.
2. Este coche es muy potente pero no te _____ recomiendo.
3. Los cursos de formación de este centro _____ está preparando un equipo de profesionales.
4. ✧ ¿Y el folleto?
   ★ Están diseñando_____ . Tenemos que enviar _____ esta semana a todos nuestros clientes.
5. ¿Tienes tú mis llaves? Es que no _____ encuentro.
6. Este arroz está muy bueno. ¿Quieres probar_____ ?
7. ¿La fiesta?_____ vamos a celebrar en casa de Manuel.
8. Este ordenador tiene muy buen precio. Cómpra_____ .
9. ✧ Estamos trabajando en un producto que va a causar sensación.
   ★ ¿Y cómo _____ vais a llamar?
10. Este contrato no podemos aceptar_____ .

21 **A.** Escucha estas descripciones. ¿De qué están hablando? Escribe el número que corresponda.

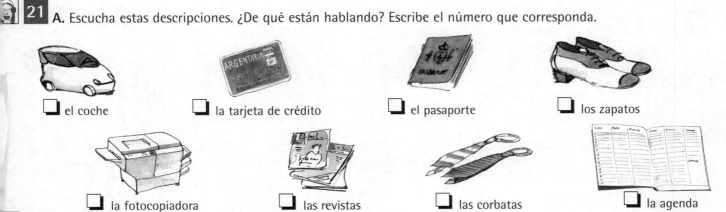

☐ el coche ☐ la tarjeta de crédito ☐ el pasaporte ☐ los zapatos

☐ la fotocopiadora ☐ las revistas ☐ las corbatas ☐ la agenda

B. Ahora escucha y comprueba tus respuestas.

C. Describe tú ahora uno de estos objetos. Tu compañero tiene que adivinar de qué objeto hablas.

las gafas de sol   el teléfono   los sellos   el mapa   la cafetera

los disquetes   el reloj   el diccionario   las sillas   el paraguas

◇ **Las llevas en verano para protegerte del sol.**
★ **¿Las gafas de sol?**
◇ **Sí.**

22 Estás navegando por Internet y en una página para estudiantes de español encuentras este mensaje. ¿Por qué no contestas?

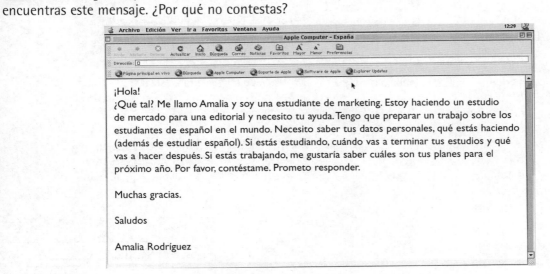

Archivo   Edición   Ver   Ir a   Favoritos   Ventana   Ayuda   12:29

Apple Computer - España

Atrás Adelante Detener Actualizar Inicio Búsqueda Correo Noticias Favoritos Mayor Menor Preferencias

Dirección: ☐

Página principal en vivo   Búsqueda   Apple Computer   Soporte de Apple   Software de Apple   Explorer Updates

¡Hola!
¿Qué tal? Me llamo Amalia y soy una estudiante de marketing. Estoy haciendo un estudio
de mercado para una editorial y necesito tu ayuda. Tengo que preparar un trabajo sobre los
estudiantes de español en el mundo. Necesito saber tus datos personales, qué estás haciendo
(además de estudiar español). Si estás estudiando, cuándo vas a terminar tus estudios y qué
vas a hacer después. Si estás trabajando, me gustaría saber cuáles son tus planes para el
próximo año. Por favor, contéstame. Prometo responder.

Muchas gracias.

Saludos

Amalia Rodríguez

COMPRUEBA TUS CONOCIMIENTOS

1 Elige la opción más adecuada.

1. Mañana _____ la mañana tengo que visitar a un cliente.
- ☐ a. de
- ☐ b. a
- ☐ c. por
- ☐ d. Ø

2. Buenos días, me _____ hablar con el Sr. Cobos.
- ☐ a. quiero
- ☐ b. gustaría
- ☐ c. puedo
- ☐ d. gusta

3. ¿A qué hora _____ la oficina?
- ☐ a. cierran
- ☐ b. está
- ☐ c. trabajan
- ☐ d. es

4. El Sr. Rico los domingos normalmente _____ tarde.
- ☐ a. duermo
- ☐ b. se levanta
- ☐ c. trabajo
- ☐ d. queda en casa

5. ✧ ¿Dígame?
★ ¿ _____ Agustín?
✧ Sí, soy yo.
- ☐ a. Es
- ☐ b. Está
- ☐ c. Estás
- ☐ d. Hola

6. Trabajas demasiado. Tienes que _____ .
- ☐ a. estudiar
- ☐ b. levantarte temprano
- ☐ c. dormir poco
- ☐ d. descansar

7. A mí, me _____ las reuniones.
- ☐ a. gusta
- ☐ b. encanta
- ☐ c. gustan
- ☐ d. gusto

8. ¿Te _____ un café?
- ☐ a. quieres
- ☐ b. apeteces
- ☐ c. quiere
- ☐ d. apetece

9. Para mí lo más importante es tener un _____ de trabajo estable.
- ☐ a. plaza
- ☐ b. promoción
- ☐ c. puesto
- ☐ d. condición

10. No me gusta _____ la carne.
- ☐ a. nada
- ☐ b. poco
- ☐ c. bastante
- ☐ d. también

11. ¿Qué _____ podemos comprar a Rosa?
- ☐ a. nos
- ☐ b. me
- ☐ c. te
- ☐ d. le

12. Yo _____ el restaurante vasco.
- ☐ a. prefiere
- ☐ b. me gusta
- ☐ c. me encanta
- ☐ d. elegiría

13. En Reflon están _____ la plantilla. Necesitan personal para las nuevas oficinas.
- ☐ a. produciendo
- ☐ b. ampliando
- ☐ c. desarrollando
- ☐ d. haciendo

14. _____ martes tenemos una reunión muy importante.
- ☐ a. En
- ☐ b. El
- ☐ c. Ø
- ☐ d. Por

15. Mañana no puedo, pero _____ sí.
- ☐ a. después de mañana
- ☐ b. sobre mañana
- ☐ c. pasado mañana
- ☐ d. por la mañana

16. En Pipse van a _____ una bebida de un color muy especial.
- ☐ a. salir
- ☐ b. trabajar
- ☐ c. lanzar
- ☐ d. trasladar

17. Es muy bonito, pero ¿para qué _____ ?
- ☐ a. tiene
- ☐ b. sirve
- ☐ c. cuesta
- ☐ d. lleva

18. ¿Este reloj? No sé dónde _____ fabrican.
- ☐ a. lo
- ☐ b. la
- ☐ c. el
- ☐ d. los

19. Me imagino que ahora está _____ con un cliente.
- ☐ a. a comer
- ☐ b. comiendo
- ☐ c. comer
- ☐ d. come

20. Mi coche no es tan bonito _____ el tuyo.
- ☐ a. que
- ☐ b. más
- ☐ c. tanto
- ☐ d. como

Resultado: _____ de 20

2 Lee esta selección de restaurantes y completa las frases.

COMIDAS DE NEGOCIOS
Cinco interesantes propuestas para sus celebraciones

PRÍNCIPE DE VIANA En las afueras de Madrid, cocina de toda la vida: pescados, mariscos y carnes. Tiene un estupendo servicio de sala y una magnífica bodega. Dispone de una agradable terraza jardín en verano. Entre 60 y 80 euros. Cierra el domingo por la noche y el lunes.
Avda de España, 30. Moralzarzal, a 36 kilómetros de Madrid. Tel: 91 482 29 48

LA GALETTE Cocina vegetariana y no vegetariana pero divertida, en un local sencillo y agradable, en el centro histórico de Madrid. Posee un agradable patio para el verano. Entre 40 y 50 euros. Cierra los domingos al mediodía.
Plaza Mayor, 1. Madrid. Tel: 91 315 73 88

CABO MAYOR Un local espacioso y elegante que imita el interior de un barco. Cocina creativa y bien elaborada en un ambiente moderno. Alrededor de 65 euros. Cerrado los domingos por la noche.
En el km 16 de la carretera de Burgos, San Sebastián de los Reyes, a 16 kilómetros de la capital. Tel: 91 859 76 88

CHEZ POMME Sencillo y agradable, tiene una interesante variedad de platos vegetarianos en el centro de Madrid. Ensaladas, platos de verdura, pasta y postres caseros. Alrededor de 45 euros. No cierra ningún día.
Pl. Alonso Martínez, 2. Tel: 91 410 37 77

ASADOR FRONTÓN Clásico y popular asador, con una carne y un pescado de excelente calidad y buenos postres. Bodega cuidada y buen servicio. Alrededor de 60 euros. Cierra los domingos, festivos y agosto.
Castelló, 7. Tel: 91 309 11 76.

---

1. Los restaurantes _____ y _____ están el centro de Madrid.

2. Si quieres comer con un amigo vegetariano un domingo a mediodía puedes ir a _____ .

3. En _____ abren todos los días.

4. _____ cierra un mes en verano.

5. _____ es el restaurante más caro.

Resultado: _____ de 10

3 Javier Valdés tiene que concertar una cita con varias personas. Escucha las conversaciones y toma nota del día y la hora de cada cita.

CITA CON	DÍA	HORA
1. la Sra. Medina		
2. Francisco Cruz		
3. Jorge		
4. el Sr. Pérez		
5. Mónica		

Resultado: _____ de 10

4 Vas a pasar unos días con una familia española. Escríbeles una carta o un correo electrónico para presentarte explicando cómo eres, tus gustos, aficiones, etc.

Estimados Señores:

Me llamo...

¡Hasta pronto!

Saludos.

Resultado: _____ de 10

Total: _____ de 50

Claves del éxito

Ejercicios

1 **A.** Escribe las palabras de la lista en el lugar correspondiente del cuadro.

control	facturación	reducir	invertir	aumento	incrementar
oferta	aumentar	crear	reducción	gasto	disminución
disminuir	creación	controlar	inversión	pérdida	consumir
ofrecer	consumo	perder	facturar	gastar	incremento

nombres	verbos
el control	*controlar*

2 Completa las frases con la opción correcta.

1. Si una empresa utiliza mucho dinero en cursos de formación, podemos decir que _____ mucho dinero en formación.

    a. inversión   **b.** ofrece   **c.** invierte

2. Lo contrario de la demanda es: _____ .

    a. la promoción   **b.** la oferta   **c.** ofrecer

3. Si una empresa reduce su plantilla, podemos decir que ha hecho una _____ de plantilla.

    a. reducción   **b.** inversión   **c.** incremento

4. Si una empresa gana más un año que el año anterior, podemos decir que _____ sus beneficios.

    a. han creado   **b.** han aumentado   **c.** han participado

5. Cuando decimos que las exportaciones han disminuido, queremos decir que _____ .

    a. han bajado   **b.** han subido   **c.** se han parado

6. Si en una empresa suben las ventas, aumenta _____.

    a. el gasto   **b.** la facturación   **c.** el control

7. Si suben las ventas de pan, podemos decir que ha aumentado _____ .

    a. el incremento   **b.** el consumo   **c.** la inversión

8. Cuando decimos que las pérdidas se han incrementado, estamos diciendo que las pérdidas _____ .

    a. se han controlado   **b.** han subido   **c.** se han mantenido

3 **A.** Lee el siguiente texto y escribe una lista con todos los productos que
se citan.

La cesta de la compra

Durante el último año, el mercado interior ha tenido un comportamiento dispar en el sector agroalimentario. En el capítulo de productos que han aumentado sus ventas destacan los zumos, que han crecido un 11%. Le siguen las aguas minerales (10%), y los productos lácteos (7%). Debido a la bajada de los precios también ha subido un 5% el consumo de aceite de oliva. Con crecimientos moderados, en torno al 2%, figuran la cerveza y la

La fruta ha tenido un crecimiento moderado.

fruta. Los huevos han subido un 3,5%. La venta de vino se ha estabilizado aunque con un ligero aumento del 1%. Entre los productos que han visto caer sus ventas están las patatas (un 7%) como consecuencia de la fuerte subida de los precios, y no por razones relacionadas con un cambio en la tendencia de la demanda. El pollo ha sufrido una caída del 2% a pesar de no haber subido los precios. Ha bajado también la demanda de pan (3%) y de la carne de cerdo (6%).

Productos
zumos

B. Lee de nuevo el texto. Localiza estas palabras y expresiones.
¿A qué definición corresponden?

- dispar
- sector agroalimentario
- productos lácteos
- moderado
- en torno a
- la tendencia

1. Productos derivados de la leche, como el queso, el yogur y la mantequilla.

2. Aproximadamente.

3. Suave, sin excesos.

4. Sector de la economía que agrupa la producción agrícola, ganadera y sus derivados.

5. Preferencia, inclinación.

6. Irregular, variado.

C. Lee otra vez el texto y completa el gráfico con los nombres de los productos
que han aparecido en él.

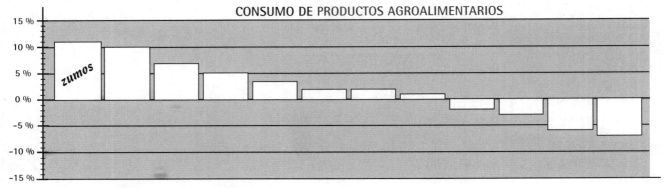

CONSUMO DE PRODUCTOS AGROALIMENTARIOS

4 ¿Qué has hecho esta semana? ¿Qué te ha pasado? Márcalo.

☐ He salido tarde del trabajo / de clase casi todos los días.

☐ He tenido varias reuniones.

☐ He escrito un e-mail a un amigo que vive en otro país.

☐ He perdido un paraguas.

☐ He comido en casa todos los días.

☐ He estudiado mucho.

☐ He ido al banco.

☐ He visto un programa interesante en la televisión.

☐ He cenado fuera de casa.

☐ He hablado por teléfono con mis padres.

☐ Me he puesto una corbata.

☐ He comprado ropa.

☐ He hecho un examen.

☐ He dicho una mentira.

5 Subraya los participios del ejercicio anterior y clasifícalos.

-AR	-ER	-IR	Irregulares
		salido	

6 **A.** En parejas. Coge un papel y haz cuatro dibujos que representen cuatro cosas que has hecho esta semana. Entrega el papel a tu compañero.

B. Mira el dibujo de tu compañero y hazle preguntas para adivinar qué ha hecho.

◇ ¿Has tenido problemas con el coche?

★ No.

◇ ¿Has arreglado algo en tu casa?

★ Sí.

7 Escribe los siguientes verbos en el lugar correspondiente.

han puesto	hemos vuelto	ha estado
ha dormido	habéis acabado	hemos empezado
han hecho	has dicho	hemos terminado
hemos pensado	he decidido	ha sido
he discutido	habéis tenido	hemos escrito
han controlado	has ido	han estudiado
has viajado	he nadado	habéis vuelto
has venido	he tomado	hemos visto

yo	tú	él, ella, usted	nosotros/as	vosotros/as	ellos/as, ustedes

8 ¿Alguna vez te ha pasado o has hecho alguna de estas cosas? Escribe frases utilizando las expresiones de frecuencia.

1. Regalar flores.   ***He regalado flores muchas veces.***

2. Suspender un examen.

3. Ver una corrida de toros.

4. Cambiar de trabajo/escuela.

5. Ir a un campo de fútbol para ver un partido.

6. Viajar en barco.

7. Ir a un país de habla española.

8. Pasar todo un fin de semana trabajando.

9. Quedarme sin vacaciones.

10. Discutir con un jefe / un profesor.

11. Perder un avión.

12. Romper un objeto muy caro.

nunca,
una vez,
dos veces...,
algunas veces,
muchas veces

9 Lee las siguientes frases y elige la continuación más lógica.

> **1.** Todavía no he podido enviar el fax...
> **a)** porque los de Ventas no me han dado todos los datos.
> **b)** porque ya hemos comprado la fotocopiadora.
>
> **2.** Todavía no he visto el nuevo modelo...
> **a)** porque no lo he recibido.
> **b)** porque lo he pedido.
>
> **3.** Sí, ya he hablado con él; ...
> **a)** ha salido de la reunión y hemos tomado un café juntos.
> **b)** porque no he podido verle.
>
> **4.** Todavía no han llegado...
> **a)** porque no han comido en un restaurante.
> **b)** porque el avión ha salido con retraso.
>
> **5.** No hemos contratado a nadie...
> **a)** porque ya hemos fotocopiado el informe.
> **b)** porque todavía no hemos terminado el proceso de selección.
>
> **6.** Podemos empezar la reunión.
> **a)** Ya han llegado los responsables de todos los departamentos.
> **b)** Todavía no he visto la propuesta para la campaña publicitaria.

10 En parejas. Trabajas en una empresa. Hoy tienes que hacer todas estas cosas. Ahora son las cuatro y media de la tarde. Señala seis cosas e imagina que ya las has hecho. Tu compañero puede hacerte ocho preguntas para descubrir cuáles son.

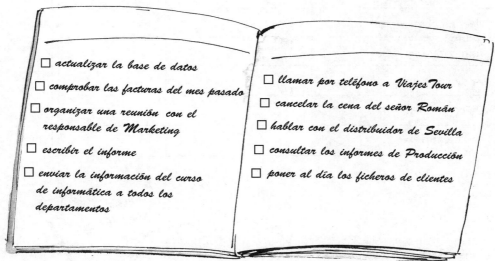

□ actualizar la base de datos
□ comprobar las facturas del mes pasado
□ organizar una reunión con el responsable de Marketing
□ escribir el informe
□ enviar la información del curso de informática a todos los departamentos

□ llamar por teléfono a Viajes Tour
□ cancelar la cena del señor Román
□ hablar con el distribuidor de Sevilla
□ consultar los informes de Producción
□ poner al día los ficheros de clientes

 ✧ ¿Has actualizado la base de datos?
★ No, todavía no la he actualizado.

11 Escucha estos cinco diálogos y completa el cuadro.

	¿Qué han hecho? / ¿Qué les ha pasado?	¿Y qué tal?
Manuel	*ha tenido una reunión*	*bastante mal*
Juana		
Rosario		
Juan y Ana		
Mario		

12 Pregunta a tu compañero si últimamente ha realizado alguna de estas actividades. Si la respuesta es afirmativa, pídele su valoración.

	sí	no	¿Qué tal?
ir a una fiesta			
hacer un examen			
comer en un restaurante			
leer un libro			
organizar una fiesta			
ir de camping			
hacer un viaje			
ir al teatro			

Muy bien
Bastante bien
Regular
No muy bien
Bastante mal
Muy mal
Fatal

◇ ¿Has ido a una fiesta últimamente?
★ Sí.
◇ ¿Y qué tal?
★ Muy bien.

13 **A.** Lee estas frases en voz alta.

1. ¿Qué has hecho hoy?

2. Ha sido un día agotador.

3. ¿Ya has acabado?

4. ¿Qué vas a hacer?

5. ¿Qué tal el viaje?

6. No he ido nunca.

7. Le he invitado a comer.

B. Escucha las frases y fíjate en cómo se unen algunas palabras.

C. Ahora vuelve a escucharlas y repítelas.

14 **A.** Lee el anuncio y responde a estas preguntas.

1. ¿Qué tipo de empresa es la que ofrece el servicio Bantel?
2. ¿Qué crees que es Bantel?
3. ¿Qué horario de atención al público tiene Bantel?
4. ¿Crees que es un servicio interesante? ¿Por qué?

BANTEL

Un servicio gratuito

Bantel le garantiza el mismo nivel de atención y eficacia que cualquiera de nuestras sucursales bancarias.

Usted puede informarse de la amplia gama de productos que ofrecemos y contratarlos sin tener que desplazarse, con la comodidad de disponer de un horario de atención más amplio: de 8 de la mañana a 10 de la noche y de lunes a sábado, ininterrumpidamente. Sólo tiene que llamarnos por teléfono.

Contamos con los últimos avances en seguridad.

Con **Bantel** usted puede:

- invertir en Bolsa
- participar en la gestión de sus inversiones
- realizar transferencias y pagos
- consultar el estado de sus cuentas
- solicitar moneda extranjera
- ponerse en contacto con su asesor fiscal
- solicitar un préstamo personal y/o un préstamo hipotecario
- cambiar el número clave de su tarjeta de crédito

Y todo ello sin desplazamientos y en un horario de atención mucho más amplio y cómodo.

B. Vuelve a leer el texto y busca las preposiciones que acompañan a estos verbos.

1. Contar		
2. Disponer		
3. Informar		
4. Invertir		
5. Participar		
6. Ponerse		contacto

C. Ahora elige tres verbos y escribe una frase con cada uno.

15 Aquí tienes unas fichas que presentan la situación actual de varias empresas en crisis y, a continuación, una lista de posibles soluciones. Elige dos para cada empresa y escríbelas.

Telexfo tiene que...

Telexfo ⬡

Nombre: Telexfo

Sector: Telefonía móvil

Descripción: Han recibido muchas quejas por el servicio de mantenimiento. El jefe de mantenimiento ha tenido varias reuniones con los técnicos, pero el problema no se ha solucionado. Les preocupa la mala imagen que está dando la empresa.

TRANS, S.L.

Nombre: TRANS, S.L.

Sector: Transportes

Descripción: La mayoría de los camiones tienen más de 10 años y tienen que ser reparados constantemente. Además, debido a problemas meteorológicos, últimamente algunas expediciones han llegado tarde a los clientes.

JeanDifusion

Nombre: JEANDIFUSION

Sector: Cadena de peluquerías

Descripción: En los últimos meses la empresa ha perdido clientes. Las peluquerías de la competencia han abierto nuevos locales con precios más bajos.

Lovis

Nombre: LOVIS

Sector: Moda

Descripción: Las ventas han bajado muchísimo en los últimos meses y han tenido que cerrar algunas tiendas. Los jóvenes no compran su ropa. Otras marcas ofrecen prendas más atractivas para ellos.

Posibles Soluciones

a. Invertir en cursos de formación para los técnicos.

b. Comprar nuevos camiones.

c. Contratar a diseñadores especializados en ropa juvenil.

d. Invertir en campañas de publicidad.

e. Contratar los servicios de una empresa de transporte por ferrocarril.

f. Crear un departamento de atención al cliente.

g. Ofrecer precios más competitivos.

h. Realizar un estudio de mercado entre la población más joven.

16 **A.** ¿Qué crees que hay que hacer para...?

1. Conducir bien

Para conducir bien hay que ser paciente.

2. Tener muchos amigos

....

3. Mantenerse en forma

....

4. Encontrar un buen trabajo

....

5. Aprender un idioma extranjero

....

6. Ser rico

....

7. Dejar de fumar

....

8. Aprobar un examen

....

B. Compara tu lista con la de tu compañero.

17 **A.** Vas a escuchar ocho frases incompletas. ¿Qué continuación te parece más lógica?

> **1** a) por ese motivo, podemos invertir más en publicidad.
> b) mientras que podemos invertir más en publicidad.
>
> **2** a) porque ha aumentado la producción.
> b) y, sin embargo, ha aumentado la producción.
>
> **3** a) primero hay que reducir el gasto.
> b) debido a que hay que reducir el gasto.
>
> **4** a) y en consecuencia, los problemas continúan.
> b) y, sin embargo, los problemas continúan.
>
> **5** a) debido a la gran demanda del mercado.
> b) debido al déficit de la empresa.
>
> **6** a) mientras que el número de vuelos internacionales ha aumentado.
> b) porque el número de vuelos internacionales ha aumentado.
>
> **7** a) en cambio, los sueldos de los directivos han aumentado un 20%.
> b) y, en consecuencia, los sueldos de los directivos han aumentado un 20%.
>
> **8** a) y, sin embargo, tenemos que bajar los precios.
> b) en consecuencia, tenemos que bajar los precios.

B. Escucha y comprueba.

18 **A.** Lee las siguientes frases. Todas son correctas.

> **1.** - La empresa está en crisis **debido a** la mala gestión.
> - La empresa está en crisis **porque** la gestión ha sido mala.

> **2.** - Han aumentado las ventas **debido a** un crecimiento en la demanda.
> - Han aumentado las ventas **porque** ha crecido la demanda.

> **3.** - La compañía ha perdido pasajeros **debido a** los numerosos retrasos en los vuelos.
> - La compañía ha perdido pasajeros **porque** los vuelos han tenido numerosos retrasos.

Porque y debido a expresan causa.

Utilizamos _____ antes de un nombre (acompañado o no por un adjetivo), en cambio,

usamos _____ antes de una frase completa (que contiene un verbo).

---

19 Termina estas frases (teniendo en cuenta el conector).

1. Este año he trabajado muchísimo, por eso...

2. Los precios de los vuelos nacionales han bajado, en consecuencia...

3. En el sector de la informática la competencia es cada vez mayor, por ese motivo...

4. Nunca he estado en América, en cambio...

5. Las inversiones se han reducido debido a...

6. Hemos intentado controlar el gasto, sin embargo...

20 **A.** Marca las frases con las que estás de acuerdo.

> 1. Hay que tener los hijos antes de los 35 años. ☐
>
> 2. La comida asiática es la mejor del mundo. ☐
>
> 3. Es mucho mejor el cine que el teatro. ☐
>
> 4. Hay que prohibir fumar en todos los espacios públicos. ☐
>
> 5. Lo más importante en el trabajo es ganar mucho dinero. ☐
>
> 6. El problema más grave de mi país es el paro. ☐
>
> 7. Los gatos son más inteligentes que los perros. ☐
>
> 8. Para ser un buen profesional es más importante la formación que la experiencia. ☐

B. Comenta con tus compañeros las frases que has marcado.

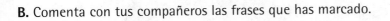

◇ En mi opinión, hay que tener los hijos antes
  de los 35 años.
★ Estoy de acuerdo contigo.
○ Pues yo no estoy de acuerdo con vosotros porque...

En mi opinión...

A mí me parece que...

Yo creo que...

Agencias de viajes

Ejercicios

1 Todas estas cosas se hacen cuando se viaja en avión. Ordénalas.

| **1** | reservar el billete |

| | aterrizar |

| | pasar el control de pasaportes |

| | subir al avión |

| | facturar el equipaje |

| | recoger el equipaje |

| | despegar |

| | esperar en la sala de embarque |

| | bajar del avión |

2 Lee este anuncio y marca con una cruz si las frases son verdad o mentira.

Anticípese y aproveche esta oportunidad

Vacaciones gratis

Sólo en Viajes Marisol

2 x 1 *(Acompañante gratis)*

¡Plazas limitadas!

Si reserva
su viaje exclusivamente
entre el 3 y el 6 de mayo

VIAJES MARISOL

OFERTA

MAYO

					1	2
3	4	5	6	7	8	9
10	11	12	13	14	15	16
17	18	19	20	21	22	23
24	25	26	27	28	29	30
31						

Santiago de Compostela

Hotel San Simón

Alojamiento y desayuno

4 días de jueves a domingo
desde **195 €**

5 días de domingo a jueves
desde **225 €**

GRATIS Visita medio día a la ciudad de Santiago

Consulte hoteles
con oferta, **50%**
de descuento para
su acompañante

Nuestros precios incluyen:
· Billete de avión ida y vuelta
  desde Barcelona.
· Traslado aeropuerto-hotel-aeropuerto.
· Alojamiento en hotel.
· Visita medio día a la ciudad de Santiago.
· Seguro de viaje.

No incluidas tasas ni gastos de gestión.

550 oficinas propias a su servicio en toda España
Información y reservas: 900 000 000 http://www.marisol.es

	Verdad	Mentira
1. La oferta incluye alojamiento y desayuno.		
2. Si haces la reserva cualquier día del mes de mayo el billete cuesta la mitad.		
3. Los vuelos salen de Madrid.		
4. Incluye un seguro de viaje.		
5. Marisol tiene más de 500 oficinas por toda España.		
6. Sólo se puede salir los jueves.		
7. El traslado del aeropuerto al hotel está incluido.		
8. Hay que pagar las tasas.		

3 **A.** Completa el diálogo con estas palabras.

dígame   completo   vuelta   oferta   ida   último   desayuno

compañía   reservar   vuelo   día   plazas

◇ Viajes Marisol, buenos días, ¿_____ ?
★ Buenos días. Quería _____ un billete para Madrid.
◇ ¿Para qué _____ ?
★ La _____ para el día 7.
◇ Un momento. Lo siento, pero para el día siete con Iberia está todo _____ . Si quiere, puedo mirar con otra _____ .
★ Sí, sí, no importa.
◇ Con Air España sí hay _____ . Hay un _____ a las 10 de la mañana. ¿Le parece bien?
★ Sí, está bien.
◇ ¿Y la _____ , para cuándo?
★ Para el día 9.
◇ A ver... sí, hay plazas.
★ ¿Cuándo sale el _____ vuelo?
◇ A las 9 de la noche. Todavía quedan plazas.
★ Muy bien. Pues a las 9... Ah, también necesito un hotel.
◇ Tenemos una _____ con el Hotel Cibeles. Es un cinco estrellas.
★ Perfecto. Pero sólo quiero alojamiento y _____ .

 B. Ahora escucha y comprueba.

4 Lee las siguientes frases e imagina quién las ha dicho, dónde y a quién.

	¿QUIÉN?	¿DÓNDE?	¿A QUIÉN?
1. Por favor, pásame un momento los catálogos que tienes ahí al lado.	*un compañero*	*en el trabajo*	*a otro compañero*
2. ¿Podría traerme una servilleta, por favor?			
3. Prepárame el informe para mañana.			
4. ¿Puede decirme cuánto cuesta esta camisa?			
5. ¿Podría darme sus datos bancarios?			
6. Déme un billete de ida y vuelta, por favor.			
7. ¿Puedes preparar tú la cena?			
8. ¿Podría decirme a qué hora llega el vuelo de Lima?			

5 **A.** Estos verbos están en Imperativo. Clasifícalos en regulares e irregulares.
Escríbelos en los recuadros que están en gris. Puedes consultar la página 134 del
Libro del alumno.

habla	venga	haz	responda
escribe	salga	vé	diga	pon

REGULARES		TÚ	USTED
	-ar	*habla*	
	-er		
	-ir		

IRREGULARES		TÚ	USTED
			venga

B. Ahora escribe las formas verbales que faltan en los recuadros que están en blanco.

6 Escucha a estas personas. Todas piden algo. Escribe si usan **tú** o **usted**.

1. [ ] 3. [ ] 5. [ ]

2. [ ] 4. [ ] 6. [ ]

7 Vas a estar unos días de viaje, tienes varios asuntos pendientes y no tienes
tiempo de hacerlos. Antes de salir de la oficina, le dejas una nota a Pedro, tu
ayudante. El correo electrónico de la página 126 del *Libro del alumno* te puede
servir como modelo.

Pedro:

Te llamaré mañana.

Un abrazo.

Asuntos pendientes

- reservar mesa para 2 (próximo día 7) en Los Caracoles.

- terminar el presupuesto para la Sra. Tobar.

- pedir el balance de este año a Sandra (Contabilidad)

8 Varias personas te piden algunas cosas pero tú no puedes hacerlas. Piensa en posibles excusas y escríbelas.

1. ¿Podrías mirar si he recibido algún correo electrónico?
Lo siento pero no puedo, es que...

2. ¿Puedes ir al aeropuerto a recoger a la Sra. Rico?

3. Prepárame la documentación para la reunión de mañana.

4. ¿Puedes llamar al Sr. Ramírez para cancelar la entrevista?

5. ¿Podrías quedarte un par de horas más para acabar el mailing?

6. Envíame el disquete con los documentos que ha preparado el diseñador.

9 ¿Qué han dicho exactamente estas personas?

1. La señora Boadella ha llamado y ha dicho que está estudiando la posibilidad de invertir en Margot S.A.
   - La señora Boadella: "_____"

2. El señor Eduardo dice que no encuentra las llaves del almacén, que las ha buscado por toda la oficina.
   - El señor Eduardo: "_____"

3. Agustín ha preguntado si tiene que ir al próximo congreso de San Sebastián.
   - Agustín: "_____"

4. Lourdes dice que ha llamado cuatro veces al distribuidor, pero que no lo encuentra.
   - Lourdes: "_____"

5. La señora Torrejón quiere saber cuándo recibirá su pedido.
   - La señora Torrejón: "_____"

6. Nuria nos ha preguntado si hemos recibido el nuevo diseño para el folleto de la próxima temporada.
   - Nuria: "_____"

7. Eugenia quiere saber a qué hora van a llegar sus clientes. Dice que quiere ir al aeropuerto a recibirlos.
   - Eugenia: "_____"

8. Bibiana quiere saber quién va a ir a la feria de Bilbao. Dice que tiene que hacer la reserva del hotel lo antes posible.
   - Bibiana: "_____"

10 En el trabajo varias personas te han dicho estas cosas. Después se lo
cuentas a un amigo.

1. Lorena
"Hoy no puedo ir al
gimnasio contigo; tengo
mucho trabajo."

2. La Sra. Soriano
"¿Pueden hacerme un
presupuesto para la
próxima semana?"

3. El Sr. Galindo
"He leído el informe y
estoy muy contento
con el resultado."

**4. Laura del Departamento
de Contabilidad**
"¿Dónde están las facturas
de la feria de París?"

5. Un comercial de SISA
"Me gustaría pasar a
hacerles una visita."

6. Un estudiante
"Estoy buscando trabajo."

7. Raúl Quintana
"¿Han llegado los
paquetes?"

8. La señora Blanco
"El cheque que me
habéis enviado no
es correcto."

1. *__Lorena me ha dicho que...__* _____

2. _____

3. _____

4. _____

5. _____

6. _____

7. _____

8. _____

11 Vas a viajar a España con tus compañeros. Aquí tienes una ficha con las características y necesidades del grupo. ¿Cuál de estos hoteles elegís?

Nº de personas: *64*   Fecha: *del 2 al 8 de agosto*

Características del grupo:

- *Edades entre 16 y 23 años*
- *Una persona en silla de ruedas*
- *Tres vegetarianos*
- *Viajan en autocar, excepto 4 personas, que viajan en coche*

Presupuesto por persona/día: *75 euros aproximadamente*

Habitaciones: *30 dobles y 4 individuales*

Observaciones:

Preferiblemente con piscina y habitaciones con TV y aire acondicionado

C	Número de teléfono
FAX	Número de fax
🛁	Habitaciones con baño y/o ducha
▤	Aire acondicionado
TV	Televisión
♿	Accesible minusválidos
▬	Tarjeta de crédito
⚷	Número de habitaciones
P	Aparcamiento
≋	Piscina
🌳	Jardines

Precio de una habitación doble (no por persona), desayunos, impuestos y servicios incluidos.

€   menos de 50 euros
€ €   50 - 75 euros
€ € €   75 - 100 euros
€ € € €   más de 100 euros

		▬	⚷
En SEVILLA Hotel San Gil 🛁 ▤ TV ♿ P 🌳	€ € €	AE MC V	39

C/Parras 28, 41002. **C** 95 490 68 11   **FAX** 95 490 69 39
Hermosa mansión de principios de siglo. Las habitaciones son amplias y bien amuebladas. Tiene un apacible jardín con palmeras y un viejo ciprés.

		▬	⚷
En RIBADESELLA (Asturias) Gran Hotel del Sella 🛁 TV ♿ P ≋ 🌳	€ € € €	AE DC MC V	82

C/Ricardo Cangas 2, 33560. **C** 98 586 01 50   **FAX** 98 585 74 49
Antiguo palacio de verano del marqués de Argüelles. En la costa cantábrica, situado frente a la playa y fuera del pueblo. Cuenta con diversas instalaciones, tales como piscina, pistas de tenis y amplios jardines.

		▬	⚷
En SITGES (Barcelona) Hotel San Sebastián Playa 🛁 ▤ TV ♿ P ≋ 🌳	€ € € €	AE DC MC V	51

C/ Port Alegre 53, 08870. **C** 93 894 86 76   **FAX** 93 894 04 30
Este nuevo hotel se encuentra muy cerca de la playa y del casco antiguo. Personal atento y habitaciones cómodas. Ambiente agradable y cocina mediterránea.

En CARTAGENA (Murcia) Hotel Los Habaneros							€	AE	65
C/ San Diego 60, 30202. 📞 968 50 52 50 FAX 968 50 91 04								DC	
En el casco antiguo de la ciudad y cerca del paseo marítimo. Este hotel ofrece comodidad a precios razonables. Tiene un restaurante popular. Hay que reservar con antelación para Semana Santa.								MC	
								V	

En BURGOS Mesón del Cid						€ € €	AE	28
Pl. de Santa María 8, 09003. 📞 947 20 87 15 FAX 947 26 94 60							MC	
Este elegante hotel está situado en una pequeña plaza frente a la majestuosa catedral. Ideal para disfrutar de un ambiente tranquilo. Personal eficiente y agradable.							V	

(Guía de España de EL PAIS-AGUILAR, texto adaptado)

12 **A.** Lee estas dos frases y fíjate en cuándo se usa **como** y cuándo **porque**.

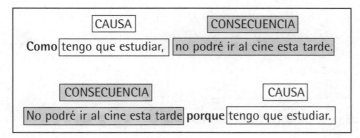

B. Ahora completa las frases. Utiliza **como** o **porque**.

1. .... estoy enfermo .... no podré ir al trabajo
2. .... no te he llamado .... no tengo tu número de teléfono
3. .... no ha llegado el director .... no podemos empezar la reunión
4. .... tenemos que aumentar la producción .... en los últimos meses ha crecido la demanda
5. .... no ha estudiado .... ha suspendido el examen
6. .... no podemos recibir visitas .... estamos en obras

13 **A.** Completa estas palabras con las letras que faltan: **ll, y, ñ** y **ch**.

1. a ＿＿o
2. si ＿＿a
3. mu＿＿o
4. tu＿＿o
5. ba ＿＿o
6. ＿＿ino

7. le＿＿endo
8. campa＿＿a
9. ma＿＿ana
10. ni ＿＿o
11. ca ＿＿e
12. pla＿＿a

13. bi ＿＿ete
14. despa ＿＿o
15. compa＿＿ero
16. ape ＿＿ido
17. no ＿＿e
18. peque ＿＿o

B. Ahora escucha y comprueba. Todas son consonantes palatales y se pronuncian poniendo la lengua en el paladar.

14 **A.** ¿A qué verbos corresponden estos sustantivos?

1. conservación	
2. promoción	
3. ocupación	
4. sanción	
5. creación	

6. extensión	
7. aparición	
8. declaración	
9. situación	
10. realización	

B. ¿Conoces otros sustantivos que terminen en **-ción**? Escríbelos. ¿Son masculinos o femeninos?

15 Completa las frases con la forma conjugada de estos verbos.

tener	estudiar		lanzar	recibir
disponer		ofrecer	ir	funcionar

1. Si _____ unos días libres en junio, me iré de vacaciones a la playa.

2. No aprobarás el examen, si no _____ .

3. Si _____ un buen descuento, venderemos más.

4. Si el ordenador no _____ , no podré preparar el informe.

5. Si _____ a la feria de Chile, no iremos a la de Milán.

6. Haremos una campaña de promoción, si _____ de presupuesto.

7. No enviaré su pedido, si no _____ una confirmación.

8. Si _____ un producto más atractivo, tendremos más ventas.

16 Juega con tu compañero. Elige un verbo y pídele que lo conjugue en Futuro con la persona gramatical que tú le vas a decir.

✧ Tener, yo.
★ Tendré.
✧ Sí.

17 A estas frases les falta una parte. Escríbela tú.

1. Si no puedo llegar a tiempo a la reunión, _____

2. Hablaré con el director de mi empresa, si _____

3. Si nos visita un cliente importante, _____

4. Compraré un buen libro en la librería del aeropuerto, si _____

5. Si no encuentro las llaves de la oficina, _____

6. Compraremos un ordenador nuevo, si _____

7. Si tengo dinero este verano, _____

8. No iré mañana a trabajar, si _____

18 **A.** Vamos a predecir el futuro. Escribe, como mínimo, cuatro cosas sobre cómo crees que será tu vida dentro de cinco años. ¿Y la de tu compañero? Piensa en posibles cambios en el trabajo, en la familia, en el aspecto físico, en el carácter...

YO	MI COMPAÑERO

B. Comenta con tu compañero lo que has escrito sobre él. ¿Está de acuerdo?

19 ¿Con qué verbos relacionas estos sustantivos? Puede haber varias posibilidades.

una reunión   una entrevista   una visita   la documentación   un pedido

una noticia   el teléfono   un paquete   una carta   un contrato

aplazar	*una reunión, una entrevista...*
preparar	
mandar	
comunicar	
concertar	
atender	
contestar	
firmar	

20 **A.** Lee estos dos faxes que ha enviado Carmen Manrique a dos agencias de viajes. Uno es informal y el otro es más formal. Identifícalos.

FAX

IQ

A: Viajes Trotamundos
De: Carmela Manrique   Instituto Quijano
Nº de páginas: 1
Fecha: 10 de julio

Apreciados amigos:

Tal como hemos hablado esta mañana, os envío los datos para la reserva.

Necesito dos billetes a Praga para la próxima semana. Quiero salir el lunes de la semana que viene, pero, por favor, la hora de llegada tiene que ser antes de las 12.00. La vuelta para el miércoles por la tarde preferiblemente, pero también puede ser por la noche. ¿Podríais buscar un buen hotel? Un cuatro estrellas, por ejemplo. Tiene que estar en el centro de la ciudad. Por cierto, en habitaciones individuales, ¿eh?

Necesitamos saber algo lo antes posible. ¿Podéis decirnos alguna cosa hoy mismo?

Espero vuestra respuesta.

Carmela Manrique

FAX

IQ

A: Viajes Solimar
De: Carmela Manrique   Instituto Quijano
Nº de páginas: 1
Fecha: 10 de julio

Apreciados señores:

Tal como hemos acordado en la conversación mantenida esta mañana, les envío los datos para la reserva.

Necesitamos dos billetes a Praga para la próxima semana. Nos gustaría salir el lunes de la semana que viene pero, si fuera posible, la hora de llegada tendría que ser antes de las 12.00. La vuelta para el miércoles por la tarde preferiblemente, pero también podría ser por la noche. ¿Podrían buscar un buen hotel? Un hotel de cuatro estrellas, a ser posible. Tendría que estar en el centro de la ciudad. Asimismo, las habitaciones tendrían que ser individuales.

Esperamos recibir noticias suyas lo antes posible. Les estaremos muy agradecidos si puede ser hoy mismo.

Atentamente,

Carmela Manrique

B. Observa las diferencias entre los dos faxes, márcalas y coméntalas con tu compañero.

21 **A.** Lee estas frases y observa cuándo **le** y **les** se transforman en **se**.

1.
✧ ¿Le has dado al jefe el presupuesto?
★ No, pero se lo daré esta tarde.
✧ ¿Puedes dárselo antes?

2.
✧ ¿Le has enviado la documentación a Lucía?
★ No, pero se la enviaré mañana.

3.
✧ Tengo que enviarles los billetes a los señores Román.
★ ¿No se los has enviado todavía?
✧ No.

4.
✧ ¿Les entrego las cartas a los mensajeros?
★ No, ya se las he entregado yo.

B. Ahora completa el cuadro.

Los Pronombres de Objeto Indirecto [*le*] y [   ] se transforman en [   ] cuando van acompañados

de un Pronombre de Objeto Directo ([   ] , [   ] , [   ] o [   ]).

22 **A.** Laura es una secretaria muy eficiente. En la oficina todo el mundo le pide cosas. Escucha los diálogos y escribe cómo responde a las dos peticiones.

1. _____

2. _____

B. ¿Cómo crees que responde Laura a estas otras peticiones?

1. Laura, ¿puedes enviar estos paquetes a la señora Manrique del Instituto Quijano?

2. Perdona, ¿podrías preparar las fotocopias para el conferenciante?

3. Entrega este sobre al mensajero lo antes posible, por favor.

4. ¿Podrías mandar un catálogo a todos nuestros clientes de la provincia de Madrid?

5. ¿Puedes comprar unas flores para Emilia? Hoy es su cumpleaños.

6. Laura, ¿podrías escribir una tarjeta de agradecimiento a los señores Gálvez?

ahora mismo...

hoy mismo...

esta tarde mismo...

el lunes mismo...

Formación y experiencia

Ejercicios

1 **A.** Relaciona las imágenes con las 8 frases de abajo.

LA REVOLUCIÓN INFORMÁTICA

La vida cotidiana ha cambiado enormemente desde la aparición de la informática. El ordenador personal es el gran responsable de esta revolución. La historia de las dos últimas décadas del siglo XX se puede resumir en unas pocas imágenes.

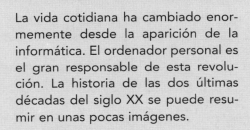

1. En 1976, Bill Gates **fundó** Microsoft, una empresa que **entró** en plena actividad en Alburquerque (Estados Unidos).

2. Steve Jobs y Stephen Wozniac **crearon** en 1977 el ordenador Apple II en una garaje a las afueras de San Francisco.

3. En 1981, IBM **lanzó** su Personal Computer, también llamado PC.

4. Compacq **fabricó** el primer ordenador portátil compatible con IBM en 1982.

5. En 1984 **salió** a la venta un pequeño disco de plástico capaz de almacenar tanta información como 500 disquetes: el CD-ROM.

6. En 1989 Internet **se convirtió** en la mayor autopista de información.

7. En 1993 **se popularizaron** los juegos creados especialmente para ordenador.

8. En 1995 **apareció** "Windows 95".

B. ¿Puedes agrupar los verbos que están en negrita en la página anterior?

-AR	-ER	-IR
fundó		

C. Elige un verbo de cada conjugación y escribe todas las formas. Puedes consultar la página 144 del *Libro del alumno.*

	-AR	-ER	-IR
	FUNDAR		
yo			
tú			
él, ella, usted	*fundó*		
nosotros/as			
vosotros/as			
ellos, ellas, ustedes			

D. El verbo **convertirse** es irregular. Tiene la misma irregularidad, en Pretérito Indefinido, que el verbo **pedir**. Conjúgalos.

	CONVERTIRSE	PEDIR
yo		
tú		
él, ella, usted	*se convirtió*	
nosotros/as		
vosotros/as		
ellos, ellas, ustedes		

2 **A.** ¿Qué hicieron estas personas? ¿Qué les pasó?

| Humphrey Bogart | Alexander G. Bell | Indira Gandhi | Ludwig van Beethoven | Henry Ford |

| Jesse Owens | Alexander Fleming | John F. Kennedy | Ana Bolena | Miguel de Cervantes |

| Thomas Alva Edison | Valentina Tereshkova |

1. Protagonizó la película "Casablanca".
2. Inventó el teléfono.
3. Compuso "La quinta sinfonía".
4. Se casó con Enrique VIII de Inglaterra.
5. Escribió "Don Quijote de la Mancha".
6. Ganó una medalla de oro en los Juegos Olímpicos de Berlín en 1936.
7. Estableció la primera red pública de alumbrado eléctrico.
8. Descubrió la penicilina.
9. En 1903 construyó una de las fábricas de automóviles más importantes del mundo.
10. Murió en un atentado en Dallas (Estados Unidos).
11. Gobernó la India.
12. Fue la primera mujer que viajó al espacio.

B. ¿Puedes escribir algo que hicieron estas otras personas?

1. Leonardo da Vinci
2. Cristobal Colón
3. María Callas
4. Greta Garbo
5. William Shakespeare
6. Teresa de Calcuta

3 Completa el cuadro con las formas que faltan.

	ESTAR	HACER	PODER	VENIR	PONER	IR/SER
yo			*pude*			
tú					*pusiste*	
él, ella, usted	*estuvo*					
nosotros/as						*fuimos*
vosotros/as		*hicisteis*				
ellos, ellas, ustedes				*vinieron*		

4 **A.** Ordena estas referencias temporales de la más próxima a la más alejada del presente.

en julio de 1996	en el siglo XVIII
anteayer	el martes
hace dos años	el fin de semana pasado
el año pasado	en 1992
ayer	hace tres semanas

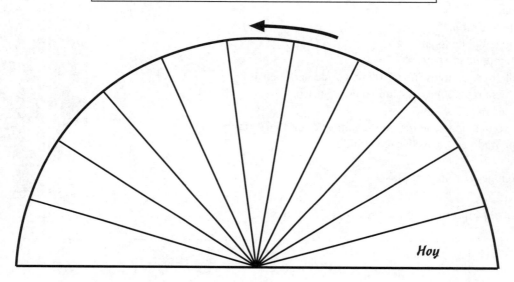

Hoy

B. Escribe tres frases en pasado utilizando las referencias temporales anteriores.

5 **A.** Completa las palabras con la sílaba que falta.

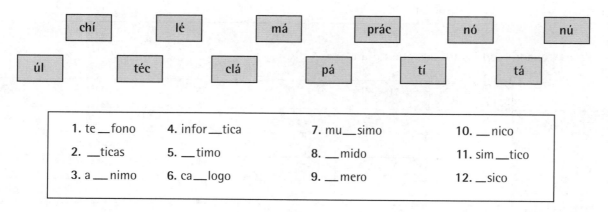

| chí | lé | má | prác | nó | nú |

| úl | téc | clá | pá | tí | tá |

1. te __ fono	**4.** infor __ tica	**7.** mu __ simo	**10.** __ nico
2. __ ticas	**5.** __ timo	**8.** __ mido	**11.** sim __ tico
3. a __ nimo	**6.** ca __ logo	**9.** __ mero	**12.** __ sico

B. Escucha y comprueba. Todas estas palabras son esdrújulas; se acentúan en la antepenúltima sílaba y siempre llevan acento gráfico. ¿Conoces otras? Escríbelas.

6 Este anuncio está incompleto. Escribe las frases de la derecha en el apartado
que les corresponda: **se requiere** o **se ofrece**.

IS IBERSER

Para incorporación en empresa líder en el sector, se necesita:

RESPONSABLE DE CONTABILIDAD

Se requiere:

Se ofrece:

**Interesados enviar C.V. con fotografía reciente y carta manuscrita al
Apartado de Correos número 43221 - San Sebastián.**

- Experiencia de 2 ó 3 años como contable
- Incorporación inmediata en importante Asesoría Fiscal
- Retribución a convenir
- Conocimientos de inglés (nivel medio)
- Licenciado en Económicas o diplomado en Empresariales
- Edad entre 28 y 35 años
- Imprescindible conocimientos sobre impuestos
- Contrato laboral indefinido

7 Javier Escribano ha escrito esta carta en respuesta al anuncio anterior.
Complétala con las palabras que faltan. Puedes fijarte en las cartas que aparecen
en la página 138 del *Libro del alumno*.

| de febrero | de sus noticias | a Valencia | para perfeccionar | a ustedes |

| en 1995 | en "La Vanguardia" | durante seis meses | de trabajo | desde entonces |

Javier Escribano Cortés
Calle de San Justo, n° 9
41001 Sevilla

Sevilla, 9_____ de 1999

Estimados Sres.:

Me dirijo_____ con motivo de la oferta _____ aparecida _____ el 7 de febrero. Como podrán comprobar por los documentos adjuntos, me licencié en Económicas por la Universidad de Barcelona _____. El mismo año fui a Estados Unidos _____ mi inglés en la Universidad de Bostón. En 1996 hice unas prácticas _____ en el Estudio Bogas Arquitectos de Barcelona. Al año siguiente me trasladé _____ donde trabajé en el Departamento de Contabilidad de la empresa Arana S.A. hasta 1998, fecha en la que me incorporé como contable en la empresa Abogados Pereira de Sevilla, donde trabajo _____ .

En espera _____ , les saluda atentamente,

Javier Escribano

8 **A.** Escribe los adjetivos que corresponden a los sustantivos.

el dinamismo:	*dinámico/a*
la creatividad:	
la organización:	
la flexibilidad:	
la amabilidad:	

la responsabilidad:	
la paciencia:	
la simpatía:	
la profesionalidad:	
la timidez:	

B. Imagina que tienes que compartir tu despacho con alguien. ¿Qué tres cualidades valoras más?

9 ¿**Ser** o **tener**? Escribe estas cualidades en la columna que les corresponde.

dotes de mando   iniciativa   responsable   facilidad para las relaciones humanas
mucha experiencia   amable   organizado   buena presencia   buen comunicador
paciente   responsable   capacidad de decisión   creativo   educado

SER	TENER

10 **A.** Escribe en un papel tres cualidades y tres defectos que crees que tú tienes. No escribas tu nombre. Al acabar, entrega el papel a tu profesor.

Cualidades: *Soy bastante...*

Defectos: *No tengo...*

B. Lee el papel que te ha entregado el profesor y, con tu compañero, intenta averiguar de quién es.

11 **A.** Fíjate en estas personas. ¿Quién crees que es la persona más ...?

| trabajador/a | inteligente | guapo/a | deportista | simpático/a | rico/a | serio/a |

1. _La más trabajadora es la que..._ _____
2. _____
3. _____
4. _____
5. _____
6. _____
7. _____

el
la   de + sustantivo
los   que + verbo
las   + adjetivo

B. Coméntalo con tu compañero.

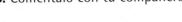

◇ Yo creo que la más trabajadora es la que está con las flores.
★ ¿La de las gafas?
◇ Sí.
★ Pues yo creo que el más trabajador es el de la cámara.

12 **A.** Completa las frases.

1. Trabajé en la editorial "Gaviota"_____ 1995 _____1997.
2. _____ dos años fui a Miami.
3. Viví en Buenos Aires _____ 85 _____89.
4. Trabajo como arquitecto _____ 1995.
5. Vendí mis acciones _____ tres semanas.
6. Te esperaré en el bar _____ las 11; sé puntual.
7. Estudio español _____ el año pasado.
8. Fue directora de la empresa _____1992 _____ 1994.

hace
desde
hasta
de... a
del... al

B. Ahora habla de ti. Termina las frases. Utiliza **hace**, **desde** o **hasta**.

1.	Por las mañanas trabajo/estudio...
2.	Vivo en esta ciudad ...
3.	Empecé a estudiar español ...
4.	Hoy trabajaré / estudiaré...

13 Busca a un compañero de clase que ayer...

	¿QUIÉN?
1. Hizo deporte	
2. Se acostó tarde	
3. Fue al cine	
4. Estudió español	
5. Visitó una exposición	
6. Leyó el periódico	
7. Vio la televisión	
8. Cenó fuera de casa	
9. Hizo algo especial	
10. Estuvo en casa de algún amigo	

◇ ¿Hiciste deporte ayer?
★ Sí, jugué a tenis. ¿Y tú? ¿Hiciste deporte?
◇ No, yo no.

14 **A.** Completa la historia de la empresa Chupa Chups con los verbos que faltan en pasado.

| tener | suministrar | alcanzar | hacer | nacer | empezar | ser | ganar | decidir | crear |

UNA HISTORIA MUY DULCE

Todo empezó en 1957, cuando Enric Bernat, fundador y presidente de **Chupa Chups** S.A., _tuvo_ la idea del caramelo con palo para que los niños no se ensuciaran las manos. Al año siguiente, **Chupa Chups** _____ en la fábrica de Asturias, en el norte de España, con siete sabores diferentes.

En 1967 se abrió otra fábrica cerca de Barcelona y la primera filial fuera de España, en Perpignan (Francia). Dos años después la empresa _____ hablar con Salvador Dalí, quien _____ el famoso logotipo de **Chupa Chups**.

En 1979 el número de chupa chups vendidos _____ la cifra de 10.000 millones y nueve años más tarde la cifra fue doblada: 20.000 millones.

Tras abrir fábricas en Japón, Estados Unidos, Alemania y otros países, **Chupa Chups** _____ su producción en Rusia, en el año 1991. _____ esta fábrica la que _____ los primeros chupa chups consumidos en el espacio, enviados a la estación MIR a petición de los cosmonautas.

En 1993, con 30.000 millones de chupa chups vendidos en todo el mundo, Enric Bernat _____ realidad su sueño: producir chupa chups en China. Al cabo de cuatro años, la empresa _____ el premio a la Excelencia Empresarial reconociéndose así toda una labor dedicada a endulzarnos la vida.

B. Escucha la historia y corrige.

C. Vuelve a leer el texto y escribe el año exacto en que ocurrieron estos hechos.

	AÑO
1. Apertura de la fábrica de Asturias	
2. Conversaciones con Salvador Dalí para el diseño del logotipo de Chupa Chups	
3. Las ventas de chupa chups alcanzan los 20.000 millones	
4. Premio a la Excelencia Empresarial	

15 Construye frases. Puede haber más de una posibilidad.

> 1. Empecé a trabajar en Argentina en 1995. En 1997 me trasladaron a Chile.
>
> *Empecé a trabajar en Argentina en 1995 y al cabo de dos años me trasladaron a Chile.*

> 2. Nos casamos en el 97. En el 98 tuvimos nuestro primer hijo.

> 3. Compré el coche el lunes. Tuve un accidente el jueves.

> 4. Salió del trabajo a las 7. Llegó a su casa a las 9.

> 5. Empecé a buscar trabajo en mayo. Encontré trabajo en mayo.

> 6. Hice la entrevista en abril. Me dieron el puesto de trabajo en junio.

> 7. Inauguraron la primera oficina en 1994. En 1997 abrieron tres sucursales.

> 8. Compré el piso en 1992. Lo vendí en 1999.

el mismo año
al año siguiente
dos años después
dos años más tarde
al cabo de dos años

16 **A.** Aquí tienes una serie de acontecimientos importantes en la historia reciente de España. Entre ellos, hay tres que no son verdad. Coméntalo con tu compañero.

- En 1970 se celebraron las primeras elecciones democráticas después de casi 40 años de dictadura.
- En 1978 se aprobó por referéndum la Constitución.
- El 23 de febrero de 1981 hubo un intento de golpe de Estado.
- En 1982 se celebró el Mundial de Fútbol.
- En 1982 el Partido Socialista Obrero Español ganó las elecciones.
- En 1983 Jose Luís Garci recibió el Oscar de Hollywood a la mejor película en lengua no inglesa por "Volver a empezar".
- En 1985 España firmó el tratado de adhesión a la Comunidad Económica Europea (hoy Unión Europea).
- En 1986 la firma americana Ford compró la empresa española SEAT (Sociedad Española de Automóviles de Turismo).
- En 1992 se celebraron dos acontecimientos: la Exposición Universal en Madrid y los Juegos Olímpicos en Barcelona.
- En 1996, después de casi 14 años en la oposición, ganó las elecciones generales el Partido Popular.

 B. Ahora escucha y comprueba.

17 Escribe en pocas líneas tu biografía. Incluye una mentira. Léela para toda la clase. Tus compañeros tendrán que descubrir la mentira.

> *Nací en Perú en 1965.*
> *Al cabo de cinco años me trasladé con mi familia a Alemania.*
> *Empecé la Carrera de Ciencias Políticas en 1997.*
> *Me casé al cabo de dos años.*

◇ No naciste en Perú.
★ Lo siento. Sí nací en Perú.
◇ No te casaste en 1999.
★ Exacto, no estoy casado.

18 Aquí tienes un modelo de currículum vitae. Complétalo con tus datos.

CURRÍCULUM VITAE

Nombre y apellidos: ....

Lugar y fecha de nacimiento: ....

Dirección: ....

....

Teléfono: ....

Estudios: ....

....

....

Idiomas: ....

....

....

Experiencia profesional: ....

....

....

....

Otros: ....

19 ¿Crees que cumples los requisitos para realizar alguno de estos trabajos?
¿Por qué?

20 Imagina que estás buscando trabajo. Diseña un anuncio con la oferta de trabajo que te gustaría encontrar.

COMPRUEBA TUS CONOCIMIENTOS

1 Elige la opción más adecuada.

1. La facturación ha descendido _____ la crisis del sector.
   - ☐ a. en consecuencia
   - ☐ b. en cambio
   - ☐ c. porque
   - ☐ d. debido a

2. _____ he acabado el informe porque no he tenido tiempo.
   - ☐ a. Todavía
   - ☐ b. Todavía no
   - ☐ c. Ya
   - ☐ d. Ya no

3. Para tener éxito en una empresa _____ contar con buenos profesionales.
   - ☐ a. hay que
   - ☐ b. tienes
   - ☐ c. es mejor que
   - ☐ d. primero

4. ✧ ¿Has cambiado de trabajo _____?
   - ★ Sí, _____ .
   - ☐ a. nunca/muchas veces
   - ☐ b. alguna vez/ya
   - ☐ c. nunca/alguna vez
   - ☐ d. alguna vez/ muchas veces

5. Europair está en crisis porque no ofrece _____ competitivos.
   - ☐ a. gastos
   - ☐ b. precios
   - ☐ c. profesionales
   - ☐ d. mercados

6. Señor Jiménez, ¿ _____ darme los datos de su tarjeta de crédito?
   - ☐ a. puedes
   - ☐ b. podrías
   - ☐ c. podría
   - ☐ d. me podrías

7. Si puedes, _____ a la señora Cortés hoy mismo.
   - ☑ a. llame
   - ☐ b. llama
   - ☐ c. llamará
   - ☐ d. llamar

8. Me ha preguntado _____ he firmado el contrato esta mañana.
   - ☐ a. si
   - ☐ b. que
   - ☐ c. ya
   - ☐ d. cuándo

9. ¿Y la habitación doble con _____ cuánto cuesta?
   - ☐ a. pensión
   - ☐ b. alojamiento
   - ☐ c. media pensión
   - ☐ d. completa

10. Si mañana _____ tiempo, iremos al zoo.
    - ☐ a. tendremos
    - ☐ b. tenemos
    - ☐ c. hemos
    - ☐ d. vamos a tener

11. Lo siento, tenemos que _____ la reunión. Es que el director ha tenido que salir.
    - ☐ a. aportar
    - ☐ b. facturar
    - ☐ c. aplazar
    - ☐ d. disponer

12. Necesitamos los catálogos _____ .
    - ☐ a. urgente
    - ☐ b. lo antes posible
    - ☐ c. antes posible
    - ☐ d. es posible

13. ✧ ¿Qué has hecho con la lámpara?
    - ★ _____ a un amigo.
    - ☐ a. He regalado
    - ☐ b. Regálaselo
    - ☐ c. Se la he regalado
    - ☐ d. Se lo he regalado

14. En 1998 _____ en Ciencias Políticas.
    - ☐ a. me cambié
    - ☐ b. me perfeccioné
    - ☐ c. me licencié
    - ☐ d. me trasladé

15. Mercedes _____ muy paciente y _____ iniciativa.
    - ☐ a. tiene/es
    - ☐ b. es/es
    - ☐ c. tiene/tiene
    - ☐ d. es/tiene

16. ✧ ¿Qué hiciste ayer?
    - ★ _____ en una agencia de viajes para mirar las ofertas.
    - ☐ a. Estuvo
    - ☐ b. Fui
    - ☐ c. Estuve
    - ☐ d. Fue

17. En junio terminó la carrera y _____ tres meses encontró trabajo.
    - ☐ a. después
    - ☐ b. más tarde
    - ☐ c. más tarde de
    - ☐ d. al cabo de

18. ✧ ¿Y qué tal fue la entrevista?
    - ★ Pues muy _____ .
    - ☐ a. fatal
    - ☐ b. bastante bien
    - ☐ c. bien
    - ☐ d. regular

19. Trabajo en una multinacional _____ 1996.
    - ☐ a. desde
    - ☐ b. hasta
    - ☐ c. de
    - ☐ d. del

20. Me subieron el sueldo hace _____ .
    - ☐ a. el año pasado.
    - ☐ b. anteayer.
    - ☐ c. tres semanas.
    - ☐ d. en junio.

Resultado: _____ de 20

2 Lee el anuncio y marca con una cruz si las frases son verdaderas o falsas.

OFERTA ESPECIAL   Salidas 29 junio y 6 julio (Todos los martes de julio a noviembre)

RUTA MAYA: México-Guatemala-Belice

Salidas Garantizadas
Mínimo dos personas

Alojamiento
y
Desayuno

16 días **995 €**

TODOS LOS LUNES EN TU AGENCIA DE
VIAJES PREGUNTA POR
"EL RINCÓN DEL VIAJERO"
**TODAS LAS OFERTAS
ACTUALIZADAS DE ÚLTIMA HORA**

Incluye visitas con guía oficial: Chichen-Itza, Uxmal, Agua Azul, San Juan Chamula, Santiago Aitlan, Tikal, Tulum

INCLUYE: Avión Charter Madrid-Cancún-Madrid • Avión regular para el trayecto Guatemala-Flores • Hoteles***/****/*****
• Guías locales durante todo el recorrido • Transporte terrestre en todo el circuito • Entradas en todas las visitas señaladas
• Guía viajero "Ruta Maya" • Seguro de viaje

viajes Sol

Información y reservas en más de 6.000 agencias de viajes

Con la Garantía de: MUNDI Turismo

	Verdad	Mentira
1. La oferta incluye habitación y desayuno.		
2. Los vuelos salen de Barcelona.		
3. Incluye un seguro de viaje.		
4. Todos los hoteles son de 4 estrellas.		
5. Viajes Sol tiene más de 6.000 oficinas.		
6. Las salidas son los martes.		
7. Hay una oferta especial para el 29 de junio y el 16 de julio.		
8. Las visitas con guía oficial están incluidas en la oferta.		
9. Es una oferta para visitar México durante 16 días.		
10. Ofrecen este viaje durante todo el año.		

Resultado: _____ de 10

3 Escucha la entrevista que hacen en la radio a Lola Fernández, propietaria de la cadena de librerías "El Parnaso". Escribe cuándo hizo estas cosas.

	¿CUÁNDO?
1. Trabajó en la compañía de teatro "Pimpilimpausa".	
2. Se trasladó a Londres.	
3. Trabajó en una galería de arte en Nueva York.	
4. La nombraron directora de la fundación "Jóvenes artistas".	
5. Fundó la cadena de librerías "El Parnaso".	

Resultado: _____ de 10

4 Has visto una oferta de trabajo interesante en el periódico. Escribe una carta de presentación con todos los detalles sobre tus estudios y tu experiencia laboral.

Resultado: _____ de 10

Total: _____ de 50